Resilienz
ist erlernbar

Wie Sie durch den Aufbau der inneren Stärke Stress bewältigen, widerstandsfähiger werden und Depressionen vorbeugen

Birgit Eberle

Resilienz ist erlernbar

Wie Sie durch den Aufbau der inneren Stärke Stress bewältigen, widerstandsfähiger werden und Depressionen vorbeugen

Birgit Eberle

Inhalt

Vorwort:

Resilienz – ohne Kratzer durch die Krise?

Ein stärkeres Selbstbewusstsein, eine höhere Stresstoleranz, eine positivere Kommunikation – der moderne Mensch strebt nach Verbesserung in allen Lebensbereichen. Dabei beschäftigen wir uns längst nicht mehr nur mit technisch messbaren Werten wie Kalorien, Blutdruck und Umsatzzahlen. Unsere Gesellschaft entdeckt allmählich die psychischen Ressourcen, die uns zu einem erfüllteren und entspannteren Leben verhelfen.

Seit geraumer Zeit stoßen Interessierte in Massenmedien, Fachliteratur und Coaching-Programmen auf den Begriff Resilienz. Er bezeichnet die Fähigkeit der Seele, Schicksalsschläge zu überstehen und gestärkt aus der Krise hervorzugehen. Manche Psychologen nutzen dafür das plastische Bild von einer „seelischen Stehaufmännchen-Kompetenz". Der Fokus, den die Fachwelt aktuell auf das Thema Resilienz richtet, suggeriert, es handele sich dabei um eine psychologische Neuentdeckung.

Doch bereits seit der Antike faszinieren uns jene Charaktere, die Widrigkeiten überstehen und nicht daran zerbrechen. Menschen, die aus ihrer persönlichen Katastrophe mit neuer Energie heraustreten gleich dem sagenumwobenen Phönix aus der Asche. Resiliente Persönlichkeiten sind deshalb häufig die Akteure unserer Mythen und Märchen. So wie Odysseus, der auf seiner jahrelangen Irrfahrt göttliche Herausforderungen, den Tod seiner Freunde und Phasen des Wahnsinns übersteht, bevor er endlich nach Hause zurückkehrt. Oder Hänsel und Gretel, die bittere Armut erleben, von den Eltern verlassen und ihrer Freiheit beraubt werden, bevor sie sich durch einen kreativen Einfall retten können. Auch die filmischen Blockbuster der modernen Welt – von Rocky bis Star Wars – konfrontieren ihre Protagonisten mit widrigen Lebensumständen, unmoralischen Verführungen und Verlust. Gerade die durchlebte Krise lässt das Publikum die Erfolge der Hauptfiguren noch leidenschaftlicher bewundern.

Wer Modelle für Resilienz in der realen Welt sucht, stößt zuerst auf die Überlebenden von Katastrophen und Kriegen. Als starke Seelen gelten etwa diejenigen, die beim Anschlag auf das World Trade Center im Jahre 2001 Hilfe leisteten. Wir erahnen die seelische Unverwüstlichkeit bei den Menschen, denen beim Tsunami in Thailand 2004 ihre Angehörigen von der Flutwelle entrissen wurden, und bei all jenen, die aus Bürgerkriegsgebieten flüchten, um eine bessere Existenz für sich und ihre Kinder zu erreichen.

Beeindruckende Einzelschicksale führen uns vor Augen, wie Menschen einer schweren Kindheit entwachsen und sich mit plötzlichen Schicksalsschlägen arrangieren: Bill Clinton zählt zu den populärsten Präsidenten der USA – doch Dekaden früher, als er im Hause seines nach Alkohol und Glücksspiel süchtigen Stiefvaters Bedrohung und Gewalt erlebte, hätte wohl niemand diese Karriere vorausgeahnt.
Stephen Hawking erhielt im Alter von 20 Jahren die Diagnose Amyotrophe Lateralsklerose (ALS), die ihn schließlich an den Rollstuhl fesselte und ihm seine Stimme raubte. Dennoch fand er die Kraft, mit seinen populärwissenschaftlichen Büchern ein breites Publikum für die Welt der Physik zu begeistern.

Vom Körper auf Höchstleistungsniveau zur absoluten Bewegungslosigkeit von der Brust abwärts – dieses Schicksal musste Christina Vogel verkraften. Die Radsport-Olympiasiegerin, die sich gerade auf der Jagd nach einem ewigen Rekord befand, erlitt im Jahre 2018 nach einem Trainingsunfall eine Querschnittslähmung. Dennoch verkündete sie jüngst in einem Interview *„Ich finde neue Ziele!“*. Aktuell engagiert sich die 28-Jährige im Stadtrat ihrer Heimatstadt Erfurt und arbeitet als Medienberichterstatterin bei Sportereignissen.

Der Göttinger Marc Wallert hat die Resilienz im Anschluss an sein persönliches Trauma gar zu seiner Berufung erkoren. Während eines Familienurlaubs geriet er im Sommer 2000 in die Gewalt der islamistischen Terrorgruppe Abu Sayyaf. 140 Tage verbrachte der damals 27-Jährige als Geisel im Dschungel der Philippinen. Heute arbeitet Wallert als Resilienzcoach.

Doch seelische Widerstandskraft brauchen nicht nur Helden und Katastrophenbetroffene. Auch ein normales Leben bietet viele Krisen, Schicksalsschläge und latente Stressbelastungen, an denen Menschen potenziell zerbrechen können.
Einige Personen besitzen jedoch scheinbar eine innere Qualität, die ihre Persönlichkeit vor Schicksalsschlägen, schwierigen sozialen Bedingungen oder einer schweren Kindheit schützt, sodass die Lebensbelastungen keine sichtbaren Spuren in der Seele hinterlassen. Resilienz befähigt die Betroffenen dazu, im Nachhinein ein normales Leben zu führen, das nicht mehr auf verheerende Krisen oder einen schweren Start schließen lässt.

Doch worin besteht die Resilienz eigentlich? Der Begriff ist abgeleitet vom lateinischen *resilire*, was so viel heißt wie „zurückspringen" oder „abprallen". Bevor Psychologen ihn entdeckten, nutzte ihn in erster Linie die Materialkunde. Ein resilienter Stoff springt auch nach Verformen, Zusammenpressen und Verdrehen wieder in seine ursprüngliche Form zurück. Wie ein Schaumgummiball, den Sie in Ihrer Hand bis auf ein Minimum seiner Masse zusammendrücken können, ohne dass er daran Schaden nimmt. Öffnen Sie die Finger und lösen den Druck, kehrt der Ball sekundenschnell wieder in seine ursprüngliche Dimension zurück.

Der menschlichen Psyche bescheinigen Fachleute eine ähnliche Flexibilität, wie sie der Schaumstoffball an den Tag legt. „*Wir verstehen darunter die Eigenschaft, in elementaren Krisen, aber auch im Alltagsstress rasch in einen seelischen Normalzustand zurückzukehren*", erklärt der Psychiater Professor Klaus Lieb, der das Deutsche

Resilienz Zentrum in Mainz mitbegründete. *„Und wir gehen von einer Fähigkeit aus, die prinzipiell jeder erlernen und trainieren kann.“* Dabei zeigt sich Resilienz nicht als Einzelfähigkeit, sondern als Konglomerat aus unterschiedlichen Schutzfaktoren und Persönlichkeitsmerkmalen. In der Konsequenz existiert nicht *das* Trainingsprogramm für Resilienz, sondern ein bunter Werkzeugkasten, der mit zuweilen altbekannten Techniken darauf abzielt, Persönlichkeitselemente wie Selbstwirksamkeit, Optimismus oder Sozialkompetenz zu stärken.

Um Ihnen einen umfassenden Überblick zu bieten, teilt sich dieses Buch in zwei Bereiche: In Teil I erfahren Sie, wie die Wissenschaft die Widerstandskraft der Seele entdeckte und welchen Anteil Gene und Erziehung an ihr haben. Außerdem widmet er sich der Entstehung von Stress und den größten Stressfaktoren im menschlichen Dasein, die unsere Resilienz erfordern.
Der zweite Teil des Buches erklärt, welche persönlichen Kernkompetenzen die Resilienzfähigkeit im Einzelnen ausmachen und wie Sie diese praktisch stärken können. Lassen Sie sich inspirieren und entdecken Sie das Potenzial Ihrer seelischen Abwehrkräfte.

Teil 1:

Wissenschaftlicher Hintergrund – erben oder lernen wir Resilienz?

Eine Seele, die nach Stress wieder in ihre Ausgangsform zurückspringt wie ein Schaumstoffball? Diese Vorstellung von Resilienz entwickelte sich bereits in den 1950er Jahren. Damals tauchte der Begriff *resilient* erstmals in einem psychologischen Zusammenhang auf. Und zwar, als die Entwicklungspsychologin Emmy Werner im Jahre 1955 auf der hawaiianischen Insel Kauai eine wegweisende Studie ins Leben rief.[1] „*The children of Kauai: resiliency and recovery in adolescence and adulthood*" – den Titel der Publikation könnte man etwa mit „Die Kinder von Kauai: Unverwüstlichkeit und Erholung in Jugend und Erwachsensein" übersetzen. Was soll „Unverwüstlichkeit", oder Resilienz, in diesem Zusammenhang bedeuten?

Die Psychologin hatte ursprünglich erforschen wollen, wie die ungleichen Startbedingungen von Kindern den späteren Verlauf ihres Lebens beeinflussen. Von insgesamt 698 Kindern, die Werner ab dem Zeitpunkt ihrer Geburt beobachtete, waren 210 Kinder in besonders problematische Bedingungen hineingeboren worden: Sie erlebten Armut, Vernachlässigung, elterliche Trennung, Krankheit, Misshandlung und Alkoholismus in der Familie. Wie die Forscher vorausgeahnt hatten, bekamen eben diese Kinder im späteren Leben mehr Schwierigkeiten als ihre Altersgenossen mit besseren Startbedingungen: Sie wurden häufiger kriminell, zeigten psychisch und körperlich einen schlechteren Gesundheitszustand und erreichten weniger Erfolg im Beruf. Um ein vollständiges Bild vom Langzeiteffekt der Kindheitsumgebung zu erlangen, kontrollierte Emmy Werner die Lebensumstände ihrer Studienteilnehmer während mehrerer Dekaden. Sie erhob erste Daten ihrer Schützlinge nach

1 Werner EE. The children of Kauai: resiliency and recovery in adolescence and adulthood. J Adolesc Health. 1992 Jun;13(4):262-8. PubMed PMID: 1610840

Vollendung ihres ersten Lebensjahres und wiederholte die Untersuchung jeweils mit 2, 10, 18, 32 und 40 Jahren. Eine derart langfristig angesetzte Verlaufsstudie stellt in der wissenschaftlichen Welt auch heute noch eine Ausnahme dar.

Im Laufe der Jahrzehnte kristallisierte sich neben dem prognostizierten Negativ-Schicksal der Kinder aus Problemverhältnissen noch eine Überraschung heraus: Etwa ein Drittel der in schwierigen Bedingungen geborenen Kinder blieben von ihrem Schicksal seelisch scheinbar unberührt. Sie unterschieden sich im späteren Leben de facto nicht von jenen Kindern, die wesentlich bessere Bedingungen zum Lebensstart genießen durften. Diese Kinder bezeichnete Werner in der Kauai-Studie als resilient, also „unverwüstlich“, wenn sie trotz 4 gegenwärtigen Hoch-Risikofaktoren bei ihrer Geburt (z.B. Armut, Krankheit der Eltern, Sucht oder Kindesmisshandlung) nicht psychisch erkrankten.

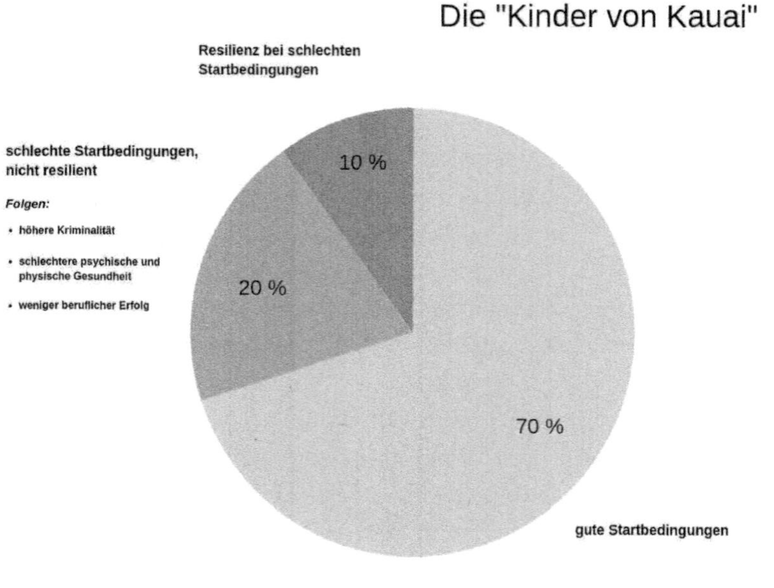

Abbildung 1 - Ergebnisse der Kauai-Studie 1955-1995

Für Werner warf diese Beobachtung eine Frage auf: Was wendet das Schicksal dieser unverwüstlichen Charaktere zum Besseren? Welche Lebensumstände oder Persönlichkeitszüge unterscheiden die resilienten Kinder von den anderen Kindern aus prekären Verhältnissen? Emmy Werner vermutete bestimmte Resilienz-Faktoren, die bereits kurz nach der Geburt ihre Wirkung zeigen, zumal sich die positivere Entwicklung der resilienten Kinder schon früh in ihrem Leben abzeichnete. Es muss daher Umstände geben, die einem Kind seine hohe Resilienzfähigkeit quasi in die Wiege legen.

Beim Identifizieren der Resilienz-Faktoren unterschied die Forscherin zwischen Merkmalen der Persönlichkeit, des Elternhauses und der externen Umwelt. Das Fazit der Kauai-Studie brachte schließlich die folgenden Ergebnisse:

- **Persönlichkeit**: Kinder, deren Temperament bei Erwachsenen positive Reaktionen auslöst, entwickeln statistisch gesehen eine höhere Resilienzfähigkeit. Wenn Babys von Geburt an dazu neigen, zu lächeln und positiven Kontakt zu suchen, erweist sich das als schützender Faktor im Vergleich zu Kindern, die weniger lächeln oder häufiger schreien. Jahre später zeigt sich, dass Kinder, die bereits im Vorschulalter relativ selbstständig agieren und im Schulalter eine hohe Fähigkeit zur Problemlösung besitzen, im Vergleich zu ihren Altersgenossen statistisch gesehen resilienter sind.

- **Familie**: Ganz besonders wichtig für die Resilienz eines Kindes ist es, mindestens eine stabile Bezugsperson zu erleben. Heute gehen Forscher davon aus, dass eine gute Bindung an die Mutter oder eine andere Bezugsperson das Stressempfinden bei Kleinkindern signifikant beeinflusst. Kinder, die sich sicher an ihre Mutter gebunden fühlen, bilden in belastenden Situationen weniger vom Stresshormon Cortisol. Stärker unter Stress stehen hingegen Kinder, die eine ambivalente

Bindung erfahren oder ohne feste Bindung aufwachsen. In der Kauai-Studie wurde außerdem klar, dass Mütter mit guter Schulbildung und Frauen, zwischen deren Schwangerschaften mehr als zwei Jahre lagen, resilientere Kinder hatten. Auch die religiöse Überzeugung der Eltern förderte statistisch gesehen die Resilienz der Kinder.

- **Umwelt**: In der weiteren Umwelt zeigte Emmy Werner vor allem Faktoren auf, die als unterstützende Beziehungen zur Resilienzfähigkeit eines Kindes beitragen: Gleichaltrige Freunde, Nachbarn, Lehrer und Lehrerinnen oder selbstgewählte Ersatzeltern stärken die seelische Widerstandsfähigkeit eines Kindes.

Aktuell existiert noch eine zweite Langzeitstudie, die ähnlich angelegt ist wie die Kauai-Studie. Sie startete im Jahr 1972 mit 1037 Kindern aus der neuseeländischen Kleinstadt Dunedin.[2]

Auch hier wollten die Forscher in zahlreichen unterschiedlichen Fragestellungen herausfinden, inwieweit die Bedingungen zu Beginn eines Lebens seinen weiteren Verlauf prägen. Noch heute nehmen 97 Prozent der Probanden, die im Jahre 2019 etwa 47 Jahre alt sind, an den regelmäßigen Untersuchungen und Evaluierungen teil. In der großen Tendenz bestätigen die Resultate jene von Emmy Werners Kauai-Studie: Kinder, die in gute Verhältnisse hineingeboren werden, haben auch im späteren Leben statistisch gesehen eine höhere Chance auf Erfolg, Gesundheit und psychische Stabilität. Nur etwa ein Drittel der Babys aus Problemverhältnissen erweist sich als resilient und erreicht den Lebensstandard der glücklichen Starter. Doch in der Dunedin-Studie konzentrierten sich die Forscher vor allem auf das Schicksal der nicht-resilienten Kinder aus Risikoverhältnissen: Jene Kinder aus Dunedin, die in ihrer frühen Kindheit Risikofaktoren wie Armut und Gewalt ausgesetzt waren, tragen in ihrem späteren Leben ein dreimal so hohes Risiko,

---

2 Caspi A, Houts RM, Belsky DW, Harrington H, Hogan S, Ramrakha S, Poulton R, Moffitt TE. Childhood forecasting of a small segment of the population with large economic burden. Nat Hum Behav. 2016;1. pii: 0005. doi: 10.1038/s41562-016-0005. Epub 2016 Dec 12. PubMed PMID: 28706997

kriminell oder drogenabhängig zu werden. Auch Herz-Kreislauf-Erkrankungen und Übergewicht kommen bei ihnen weit häufiger vor.

Insgesamt entfielen auf das kleine Segment von nicht-resilienten Kindern aus Problemverhältnissen überproportional große gesundheitliche und gesellschaftliche Belastungen im späteren Leben. Die Gruppe machte etwa ein Fünftel der 1037 Studienteilnehmer aus, enthielt aber 40 Prozent der extrem Übergewichtigen und 54 Prozent der Raucher. Sie verursachte 57 Prozent der Krankenhausaufenthalte, verbrauchte 66 Prozent der Sozialleistungen, umfasste 77 Prozent der alleinerziehenden Mütter und 81 Prozent der Gesetzesübertretungen. Insgesamt verursachten damit 20 Prozent der Teilnehmer der Dunedin-Studie ganze 80 Prozent der gesellschaftlichen Probleme und Kosten.

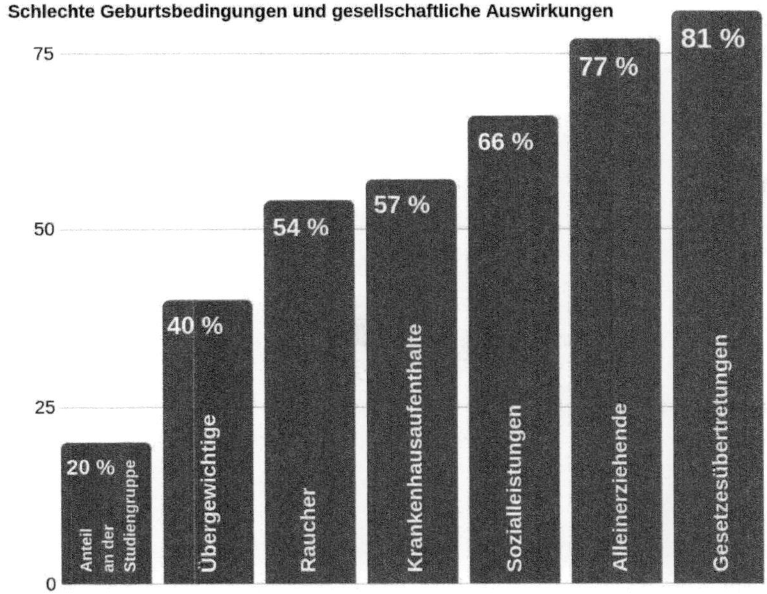

Abbildung 2- Ergebnisse der Dunedin-Studie 1972-2019

Doch was entscheidet schlussendlich, ob ein Kind relativ ruhig oder rau durch sein späteres Leben geht? Die frühe Prägung durch schwierige Familienverhältnisse oder vielleicht doch die familiär vererbten Gene? Und inwieweit lassen sich Umwelt- und Erbguteinflüsse überhaupt scharf voneinander abgrenzen?

Das vorsichtige Fazit der neuseeländischen Wissenschaftler lautete: Nicht bei der Geburt, doch in einem Alter von etwa 3 Jahren, lässt sich relativ sicher voraussagen, ob ein Mensch im späteren Leben psychische und gesundheitliche Schwierigkeiten entwickelt. Wird ein Kind in ein problembehaftetes Umfeld hineingeboren, sollte es zumindest bis zum Abschluss seines dritten Lebensjahres einige der von Emmy Werner definierten Schutzfaktoren erlebt haben, damit es eine gute Chance hat, aus dem schlechten Start ein gutes Leben zu machen. Die Resilienz, die den Dunedin-Kindern aus dem Ghetto in späteren Jahren eine befriedigende Existenz ermöglichte, führen die Wissenschaftler damit wie Emmy Werner in erster Linie auf eine frühe Prägungsphase zurück.

Nurture vs. Nature – Erziehung oder Genetik: Werde ich resilient gemacht oder geboren?

Ist für unsere spätere Resilienz allein die kindliche Früherziehung verantwortlich oder können wir psychische Stabilität auch erben? Die Frage, wie stark Genetik und Prägung jeweils auf das Leben eines Individuums einwirken, ist in der Fachwelt als „*Nurture vs. Nature*“ bekannt. In der Praxis scheint sie allerdings kaum beantwortbar: Wäre die frühe Prägung entscheidend, würden Babys aus Problemvierteln zu stabilen Erwachsenen heranwachsen, wenn sie nur ihre ersten Lebensjahre in einer gutbürgerlichen und psychisch gesunden Familie verbringen könnten. Umgekehrt würde ein Säugling aus der Mittelschicht durch seine genetische Ausrüstung nicht geschützt, wenn er in prekäre Verhältnisse hineinadoptiert würde. Solche Tauschmodelle lassen sich in der menschlichen Realität kaum finden und absichtsvoll höchstens mit Mäusen durchführen.

Beim Menschen sind Forscher deshalb darauf angewiesen, Gene zu finden, die mit bestimmten Verhaltensweisen und Schicksalen assoziierbar sind. Nur sie könnten Aufschluss darüber geben, ob Eigenschaften wie Resilienz allein der Erziehung oder auch dem Erbgut geschuldet sind.

Gibt es ein Resilienz-Gen?

In den 1990er Jahren entdeckten Forscher den bislang vielversprechendsten Kandidaten für ein Resilienz-Gen. Sein Name lautet 5HTTLPR. Dieses Gen steuert bei jedem Individuum, wie effektiv das Glückshormon Serotonin in seinem Gehirn ausgeschüttet und abgebaut wird. Darüber hinaus reguliert 5HTTLPR ein Enzym, das seinerseits für den Abbau des Stresshormons Noradrenalin zuständig ist.
5HTTLPR existiert in der menschlichen Population in einer langen

und einer kurzen Variante.[3] In der langen Ausführung organisiert 5HTTLPR den Serotoninstoffwechsel mustergültig. In der kurzen Variante sorgt es dagegen dafür, dass das Serotonin relativ lange im Spalt zwischen zwei Nervenzellen verbleibt. Die Rezeptoren auf der Zelloberfläche, die durch Serotonin aktiviert werden, stumpfen unter diesem Dauerreiz allmählich ab. In der Folge entfaltet das Glückshormon weniger Wirkpotenzial beim betroffenen Menschen. Gleichzeitig fehlen den Personen mit der kurzen 5HTTLPR-Variante die nötigen Enzyme, um das Stresshormon Noradrenalin abzubauen. Mit dieser hormonellen Ausstattung scheinen die Individuen genetisch dazu verdammt, schlechter gelaunt und schneller gestresst zu sein als andere. Damit könnten sie – wie Wissenschaftler vermuteten – potenziell eher depressiv und weniger resilient sein.

Wie stark der Einfluss eines gestörten Serotoninstoffwechsel auf den Antrieb und die Stimmung ist, demonstrierten Forscher bereits in unzähligen – manchmal zweifelhaften – Tierversuchen. Dieselben Experimente weisen auch nach, welche Substanzen gut als Antidepressivum wirken. Ein Standardversuch, der Laien besonders brutal erscheint, ist der sogenannte Forced Swimming Test (FST). Dabei leiten Forscher die Wirkung der Glückshormone von der Schwimmleistung der kleinen Nager ab. Mäuse, deren Serotoninaufnahme durch medikamentöse Eingriffe gestört wird, schwimmen in einem glattwandigen Wasserbassin nicht besonders lange um ihr Leben, sondern resignieren schnell und gehen unter. Mit Serotonin unterversorgte Tiere zeigen darüber hinaus keine natürliche Vorliebe für Zuckerwasser, wenn man ihnen die Wahl zwischen der gesüßten Lösung und normalem Wasser lässt. „Anhedonie“ nennen die Forscher diesen Zustand – ein aus dem Altgriechischen entlehnter Begriff, der meint, dass jemand unfähig ist, Lust oder Freude zu empfinden. Mäuse, die Störungen im Serotoninstoffwechsel haben, erkunden auch nicht neugierig jede

3 Heils A, Teufel A, Petri S, Stöber G, Riederer P, Bengel D, Lesch KP. Allelic variation of human serotonin transporter gene expression. J Neurochem. 1996 Jun;66(6):2621-4. PubMed PMID: 8632190

unbekannte Umgebung, wie ihre reich mit Glückshormonen versorgten Artgenossen es zu tun pflegen. Stattdessen verkriechen sie sich in eine Ecke oder bleiben reglos dort, wo sie abgesetzt wurden, und erscheinen gelähmt vor Angst.

All diese Verhaltensweisen betrachten Wissenschaftler als das Tiermodell einer Depression. Denn, wenn man Tieren, die sich resignierend, lustlos oder ängstlich verhalten, Antidepressiva verabreicht, verbessert sich ihre Vitalität deutlich. In diesem Fall halten sie beim Schwimmen länger durch und zeigen auch wieder ihre angeborene Vorliebe für süße Getränke und spannende Umgebungen.

Kurze Genvariante = hohes Risiko für Depressionen?

Höchstwahrscheinlich haben Sie selbst Ihre 5HTTLPR-Genvariante nie bestimmen lassen und wissen nicht, wie es um Ihren Serotoninstoffwechsel bestellt ist. Gerade in Fragen der genetischen Ausstattung bevorzugen es einige Menschen, weniger Informationen über den eigenen Körper zu haben, um Sorgen um potenzielle Risiken zu vermeiden. Doch allein die Entdeckung des 5HTTLPR-Gens durch das Team des Würzburgers Psychiater Klaus Peter Lesch verursachte reichlich Aufruhr: Während die Medien bereits die Entdeckung des Depressionsgens feierten, fragt man sich als Laie beunruhigt: Was bedeutet das für Menschen, die von Geburt an die kurze Version des 5HTTLPR-Gens besitzen? Fehlt ihnen die Lust, das Leben zu genießen? Sind sie ängstlich, wenig resilient und enden unabwendbar in einer tiefen Depression?

So simpel funktioniert die Natur dann glücklicherweise doch nicht. Aufschluss brachte hier die Untersuchung der Kinder aus der neuseeländischen Dunedin-Studie auf ihre 5HTTLPR-Genvariante. Dabei zeigte sich, dass die Träger des kurzen 5HTTLPR-Gens nur dann ein höheres Risiko für psychische Krankheiten trugen, wenn ihnen parallel dazu äußere Ereignisse zustießen, die Angst und Depressionen begünstigen. Bei Menschen, die dagegen nie im Leben schwere Belastungen erfahren, ist es unerheblich, ob sie die lange oder kurze Genvariante tragen. Sie bleiben dennoch psychisch gesund. Andersherum gibt es Menschen, die ohne ersichtlichen Grund von außen an einer Depression erkranken. Auch unter ihnen findet sich die kurze Genvariante nicht signifikant häufiger als die Lange.

Mittlerweile existieren zahlreiche Studien, die versuchen, den Genotyp von 5HTTLPR mit einem bestimmten Hang zu Stress oder psychischen Erkrankungen in Verbindung zu bringen. In den vergangenen Jahren wurden dabei insgesamt 40.000 Teilnehmer untersucht. Ihr Fazit: Der Zusammenhang „kurze Genvariante = mehr psychische Krankheiten“ lässt sich nicht ohne Weiteres herstellen. Neben unserem genetischen Ausgangsmaterial scheinen also andere Faktoren daran beteiligt zu sein, ob wir psychische Resilienz gegen Krisen und Traumata entwickeln oder nicht.

Epigenetik: Unsere Umwelt prägt uns ... und zukünftige Generationen

Ein Gen für Diabetes, eines für Brustkrebs und vielleicht eins für Resilienz – die Medien konzentrieren sich gern auf die DNA als simple Ursache aller denkbarer Krankheiten und Schicksalsschläge. Doch in der Wissenschaft fragen sich Fachleute, wie schicksalhaft und unveränderlich sich bestimmte genetische Anlagen beim Individuum letztendlich überhaupt äußern können. Mittlerweile gilt es als wissenschaftlicher Konsens, dass unser Genom kein bei der Geburt festgeschriebenes Drehbuch der Zukunft enthält. Vielmehr kommunizieren die Gene mit unserer Umwelt und passen sich flexibel an.

Wie diese Prozesse in puncto Resilienz ablaufen könnten, demonstrierten Forscher an Mäusemüttern, die ihren Nachwuchs in unterschiedlichen Erziehungsstilen aufziehen.[4] So wie Emmy Werner bei

4 Feder A, Nestler EJ, Charney DS. Psychobiology and molecular genetics ofresilience. Nat Rev Neurosci. 2009 Jun;10(6):446-57. doi: 10.1038/nrn2649. Review. PubMed PMID: 19455174

den Kindern von Kauai die variable Qualität der frühkindlichen Bindung herausstellte, unterscheiden sich nämlich auch Tiere zuweilen stark in ihrem mütterlichen Engagement. Manche Mäuse bemuttern ihre Welpen mit hohem Aufmerksamkeitsaufwand und pflegen sie kontinuierlich durch Säubern und Ablecken ihres Fells. Andere lassen ihren Wurf die meiste Zeit des Tages unbeachtet im Nest liegen. Bei den Mäusekindern verursacht das abweichende Verhalten der Mütter einen wesentlichen Unterschied in ihrer späteren Stresskompetenz. Es prägt ihre Resilienzfähigkeit, wenn man so will.

Die vernachlässigten Mäusekinder bilden höhere Spiegel des Stresshormons Cortisol und bauen es langsamer wieder ab als jene Mäuse, die als Welpen intensiv gepflegt werden. Dieser Unterschied im Stoffwechsel der Tiere bleibt auch im höheren Alter bestehen. Ist diese hormonelle Stressempfindlichkeit den Mäusen nun angeboren oder anerzogen worden? Im Gegensatz zu Längsschnittstudien mit Menschen empfinden Wissenschaftler hier keine moralischen Bedenken, wenn sie zu Klärung der Frage „*Nurture vs. Nature*" die Mäusewelpen in den Nestern zweier Mütter vertauschen. Und dann zeigt sich dies: Das Stressempfinden bzw. die Resilienz der Maus richtet sich nicht danach, wie fürsorglich ihre *genetische* Mutter sich zeigte, sondern danach, wie viel Pflege sie im Welpenalter von der *Ziehmutter* erhielt. Nachwuchs von ausgeglichenen Elterntieren leidet dann lebenslang unter einem hohen Stresslevel, wenn er direkt nach der Geburt bei abweisenden Müttern landete.

Ist dieser Test der unwiderlegbare Beweis dafür, dass die Stressempfindlichkeit (Resilienz) in der frühen Kindheit anerzogen wird? Nicht ganz. Denn die frühe gesteigerte Belastung durch Cortisol wird später auch an die Kindeskinder weitergegeben. Alle stressgeplagten Mäusewelpen entwickeln sich selbst zu nachlässigen Müttern, die wiederum wenig resilienten Mäusenachwuchs hervorbringen. Was wie ein Generationen überspringendes Trauma wirkt, ist in Wirklichkeit ein Fall der Flexibilität der Gene. Forscher konnten nachweisen, dass der Pflegestil des Muttertieres bei den Welpen eine nachgeburtliche Veränderung in deren Genom erzeugt. Dabei lagern sich sogenannte Methylgruppen an bestimmten Sequenzen der DNA an und verhindern, dass die betreffende Sequenz vom Körper „gescannt" wird. Das heißt: Nicht das Erbgut selbst wird substanziell verändert, sondern die Information, die der Organismus als Handlungsanweisung aus den Genen abliest. Und im Spezialfall des Mäusetests entscheidet die Methylisierung der DNA, die durch mütterliches Verhalten gesteuert wird, wie der Körper jetzt und in Zukunft mit dem Stresshormon Cortisol haushaltet.

Flexibel im Moment und stabil über Generationen

Weisen diese Erkenntnisse darauf hin, dass unser Erbgut in einer frühen Phase unseres Lebens noch einmal überarbeitet wird und wir unser Leben anschließend in den angelegten Bahnen verleben? Ja und nein. Forscher sind sich darüber einig, dass besonders solche Veränderungen große Auswirkungen haben, die während der Entwicklungsphase des Gehirns in der Kindheit stattfinden. Doch Experimente zeigen auch, dass die Veränderungen im Erbgut zu jedem Lebenszeitpunkt stattfinden und dafür minimale Einflüsse ausreichen: Forscher der Universität Kopenhagen demonstrierten im Jahre 2017, dass nur 9 Tage einer fettreichen Ernährung genügen, um die genetische Struktur, d.h. die Struktur der Methylgruppen an unserem Genom, zu verändern.[5] Genauer gesagt, aktivierte die fettige Kost bei den Probanden solche Gene, die für Entzündungsprozesse und Immunabläufe verantwortlich sind. In diesem Mechanismus sehen die Wissenschaftler die frühen Voraussetzungen für die Entstehung von Insulinresistenz und Diabetes 2. Obgleich Sie

5 Laker RC, Garde C, Camera DM, Smiles WJ, Zierath JR, Hawley JA, Barrès R. Transcriptomic and epigenetic responses to short-term nutrient-exercise stress in humans. Sci Rep. 2017 Nov 9;7(1):15134. doi: 10.1038/s41598-017-15420-7. Erratum in: Sci Rep. 2018 Mar 19;8(1):5008. PubMed PMID: 29123172

nicht befürchten müssen, innerhalb von einer Woche eine Zuckerkrankheit zu entwickeln, heißt das: Bereits wenige Tage ungesunder Lebensstil stellen die Weichen für weit schwerere Krankheiten. Doch dasselbe gilt auch unter positiven Vorzeichen: Auf der anderen Seite reichte im Experiment eine ebenso kurze Spanne von 9 Tagen mit regelmäßigem Muskeltraining aus, um bestimmte Gene zu wecken, die für den Muskelaufbau zuständig sind. Die Pflicht der Probanden bestand dabei in einem moderaten Krafttraining durch Beinpresse, Beinstrecker und Kniebeugen mit jeweils 40 Wiederholungen. Für die flexible Veränderungen in ihrem Erbgut durch maßvollen Sport mussten die Teilnehmer dabei nicht einmal besonders jung sein: In der betreffenden Studie lag das Durchschnittsalter bei 38 Jahren.

Sie können also davon ausgehen, dass sämtliche physischen und psychischen Erfahrungen, die Sie während Ihrer Lebensdauer machen, sich unweigerlich auf Ihr Genom niederschlagen. Besonders klar wird der Einfluss des menschlichen Lebensweges auf die DNA, wenn man eineiige Zwillinge im Seniorenalter untersucht: Im ersten Moment ihres Lebens, in dem sich eine Eizelle in zwei Individuen teilt, besitzen beide Zwillinge die identische genetische Information. Sie sind quasi Klone. Verlaufen ihre Lebenswege über Dekaden sehr unterschiedlich, lassen sich auch in der Methyl-Struktur ihres Erbgutes große Abweichungen erkennen. Wenn ein Zwilling raucht und der andere nicht, einer in der Stadt lebt und der andere auf dem Land – all diese Verschiedenheiten finden sich letztendlich auch im Erbgut wieder. Dass der Mensch scheinbar auf elementarster körperlicher Ebene ständig mit seiner Umgebung kommuniziert, eröffnet der Forschung völlig neue Möglichkeiten. Dieser brisanten Entdeckung hat sich sogar ein eigener Wissenschaftszweig verschrieben: Die Epigenetik.

Epigenetische Veränderungen sind derart stabil, dass sie an unsere Nachkommen weitervererbt werden, selbst wenn wir sie lange vor deren Geburt erworben haben. So konnte die Amsterdamer Ärztin

Tessa Roseboom nachweisen, dass Kinder, deren Väter im Zuge der Hungersnöte des Zweiten Weltkrieges Phasen der Unterernährung erlebten, selbst ein höheres Risiko für Übergewicht und Diabetes aufwiesen. Laienhaft kann man sagen, dass sich das Genom des Vaters damals an die schmale Kost anpasste, während diese Veränderung bei den Kindern in einer Überflussgesellschaft Fettleibigkeit und Zuckerkrankheit hervorbringt.[6]

Frauen, die während der Hungerphasen schwanger waren, brachten erwartungsgemäß Kinder mit geringerem Geburtsgewicht zur Welt. Doch auch ihre Töchter, die nach dem Krieg in einer Umwelt ohne Mangel aufwuchsen, gebaren eine Generation später durchschnittlich leichtere Babys. Auf diese Weise übertragen sich epigenetische Veränderungen teilweise noch auf die Enkelgeneration.

Resilienz ist so veränderlich wie die Gene

Auch für traumatische Erfahrungen gelten die Regeln der Epigenetik. Sie können damit rechnen, dass Stress, Angst und Leid Spuren auf Ihrer tiefsten Körperebene, der DNA, hinterlassen, die vielleicht sogar vererbbar sind. Auf der anderen Seite wird klar, dass bereits kurze Phasen eines definierten Lebensstils signifikante Veränderungen unserer Gensequenz auslösen können. In diesem Sinne brauchen Sie nicht zu befürchten, durch einen Negativ-Einschnitt im Leben oder gar im Leben Ihrer Großeltern für immer gezeichnet zu sein. Vielmehr sind die Erkenntnisse aus der Epigenetik eine Aufforderung, sein Leben täglich daraufhin zu prüfen, ob es ausreichend entspannende, gesunde und stabilisierende Elemente enthält. Die Flexibilität unseres Körpers auf molekularer Ebene macht Mut, auch im fortgeschrittenen Lebensalter noch Veränderungen

6 Veenendaal MV, Painter RC, de Rooij SR, Bossuyt PM, van der Post JA, Gluckman PD, Hanson MA, Roseboom TJ. Transgenerational effects of prenatal exposure to the 1944-45 Dutch famine. BJOG. 2013 Apr;120(5):548-53. doi: 10.1111/1471-0528.12136. Epub 2013 Jan 24. PubMed PMID: 23346894

einzuleiten. Selbst wenn Sie befürchten, nicht unter idealen Bedingungen aufgewachsen zu sein, und von sich selbst glauben, mit Stress nicht allzu gut umgehen zu können, ist es nie zu spät für mehr Ausgeglichenheit. Und wenn Sie noch keine Kinder haben sollten, tun Sie mit einem positiveren Lebensstil höchstwahrscheinlich nicht nur etwas für sich, sondern vielleicht sogar etwas für Ihre zukünftigen Enkel.

Das hormonelle Stress-System – unser Partner in puncto Resilienz

„Ich bin so im Stress!“, „Dieses Problem stresst mich fürchterlich!“ – hören Sie sich gelegentlich auch diese Sätze sagen? Macht man sich Gedanken um Resilienz, landet man unweigerlich bei den alltäglichen Stressauslösern, gegen die wir uns wünschen, mehr seelische Widerstandskraft zu besitzen. Doch was macht dieser Stress eigentlich im Körper? Statt den Stresszustand wie eine körperliche Miss-Verfassung zu begreifen - ähnlich einer Grippe oder einer Entzündung – schieben die meisten Menschen den Begriff *Stress* gedanklich in die „Psycho-Ecke“. Dabei übersehen sie, dass Stressreaktionen in erster Linie biologische Abläufe in unserem Hormonsystem sind, die körperliche Reaktionen nach sich ziehen. Dieser komplexe Mechanismus ist nicht schädlich an sich, sondern soll uns so gut wie möglich gegen gefährliche Einflüsse wappnen.

In archaischen Zeiten präparierten Stresshormone den Körper dafür, schnell zu fliehen oder sämtliche Kraft für den Kampf um sein Leben einzusetzen. Heutzutage folgen die Hormone noch immer den steinzeitlichen Prinzipien, während sich unsere Umwelt grundlegend verändert hat. Glücklicherweise steht in der modernen Welt selten unser Leben auf dem Spiel, wohl aber unser Selbstwertgefühl, die finanziellen Ressourcen oder unsere Hoffnungen an die Zukunft. Was passiert genau in unserem Körper, wenn wir mit aufregenden oder belastenden Ereignissen konfrontiert sind?

Stress - die hormonellen Abläufe in Kürze

Die Hauptrolle während einer Belastungssituation spielt unsere Amygdala. Das ist ein Verbund von Nervenzellen im Gehirn, der in seiner Form einer Mandel ähnelt und daher seinen lateinischen Namen erhielt. Die Amygdala registriert potenzielle Gefahren in unserer Umwelt selbst dann, wenn wir sie nur im Augenwinkel wahrnehmen oder uns ihrer gar nicht bewusst sind. Latente Bedrohungen für die Amygdala lassen uns wacher und aufmerksamer werden. Ab einer bestimmten Signal-Schwelle **übernimmt der kleine Mandelkern das Ruder und** überflutet unseren Organismus mit Nervenreizen. Ziel ist es, uns in eine Kampf- oder Fluchtreaktion zu treiben. Dazu hat die Amygdala zwei Strategien:

Auf der einen Seite reizt sie den Sympathikus, ein Netzwerk von Nerven, das unmittelbaren Einfluss auf unbewusste körperliche Prozesse wie Blutdruck und Herzschlag hat. Dieser Weg verschafft dem Körper den sprichwörtlichen plötzlichen Adrenalinstoß. Genauer gesagt funkt der Sympathikus das Signal „Gefahr" zur Nebenniere, die ihrerseits Adrenalin und Noradrenalin freisetzt. In Strategie 2 aktiviert die Amygdala den Hypothalamus, um den Körper nachhaltig in Bereitschaft zu versetzen, mit Stress umzugehen. Dieser Hirnteil steuert seinerseits eine hormonbildende Drüse, die Hypophyse. Wenn sie das Hormon ACTH freisetzt, signalisiert sie der Nebenniere, dass es Zeit wird, das Hormon Cortisol zu bilden – unser Langzeit-Stresshormon.

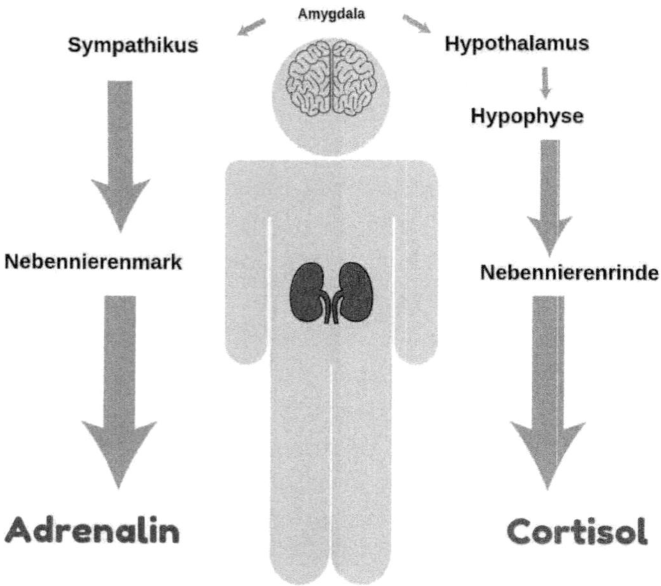

Abbildung 3 - Zwei „Stressachsen" im menschlichen Organismus

Adrenalin, Noradrenalin und Cortisol – was passiert, wenn Stresshormone den Blutkreislauf überfluten?

- Die Atmung beschleunigt sich
- Der Blutdruck steigt
- Die Leber bringt zusätzliche Glukose in den Blutkreislauf ein
- Die Milz setzt mehr rote Blutkörperchen frei, um die Muskeln mit Sauerstoff zu versorgen
- Die Gefäße weiten sich
- Die Anspannung der Muskulatur nimmt zu
- Die Blutgerinnung erhöht sich
- Verdauung und Reproduktionsorgane werden in einen Ruhestatus versetzt

Insgesamt sorgt die Hormonkaskade dafür, dass wir mehr Sauerstoff und mehr Energie für eine notwendige Flucht oder einen unausweichlichen Kampf zur Verfügung haben. Dafür konzentriert sich der Körper auf Muskulatur und Atmung und spart Energie bei anderen Funktionen ein. Entzündungsfördernde Stoffe im Blut sollen garantieren, dass wir bei Verletzungen weniger schnell verbluten.

Nebenbei markiert unser Gehirn die stressauslösende Situation, um sie in Zukunft schnell wiederzuerkennen und noch effizienter reagieren zu können. Wer einmal im Flugzeug in Turbulenzen geraten ist, wird das unter Umständen bestätigen können. Anschließend genügt häufig nur der Reiz „Flugzeug“ in Gedanken oder am Terminal, um das Stresshormonsystem wieder in Gang zu setzen. Damit nicht jede Bewegung im Augenwinkel uns in Panik versetzt, hat die Amygdala Hilfe beim Bewerten, ob ein Stressreiz bewältigbar oder fatal ist. Unser Stirnlappen, der sogenannte präfrontale Cortex, ermöglicht uns, überbordende Emotionen wie Angst, Wut und Panik rational zu bremsen. Allerdings funktioniert dieser Mechanismus nur dann reibungslos, wenn unser Stresshormonsystem nicht permanent auf Dauerniveau aktiviert ist. Bei chronischen Stressbelastungen leiden Gehirnregionen wie der präfrontale Cortex und der Hippocampus, die das Denken und das Gedächtnis steuern. Jetzt fällt es schwerer, rationale Entscheidungen zu treffen oder sich an notwendige Details zu erinnern.

Normalerweise fällt unser Hormonsystem nach einer akuten Stressbelastung wieder in seinen Urzustand zurück. Bestimmte Rezeptoren messen kontinuierlich den Cortisolspiegel im Blutkreislauf und stoppen die Produktion, wenn er eine bestimmte Höhe erreicht hat. Doch dieser Mechanismus kann durch permanente Stressreize oder Veränderungen im Rezeptorensystem geschädigt werden. Das Resultat ist ein Organismus, der permanent unter dem Einfluss von Stresshormonen steht. Da unser Körper jedoch nicht für ununterbrochene Hochspannung designt ist, hat dies fatale Folgen für die physische und psychische Gesundheit.

Dauerstress verursacht

- Bluthochdruck
- Muskelabbau
- Gewichtszunahme bzw. Fetteinlagerungen
- Diabetes aufgrund eines permanent erhöhten Blutzuckerspiegels
- Libidoverlust, weil Stresshormone die Sexualhormone unterdrücken
- Infektionsanfälligkeit durch ein weniger aktives Immunsystem
- Schlafstörungen, weil der Zyklus des Schlafhormons Melatonin gestört wird
- Verdauungsprobleme
- Denkstörungen

Schließlich – und dieser Aspekt hat Bedeutung in Bezug auf psychische Resilienz – verursacht chronischer Stress Depressionen, weil Cortisol die Produktion des „Glückshormons" Serotonin hemmt. Mit der Zeit erschöpft ein erhöhter Cortisolspiegel die Nebenniere und verursacht einen Cortisolmangel. Latente Erschöpfung und Müdigkeit übermannen die betroffene Person und erschweren körperlich den Kampf gegen die psychische Antriebslosigkeit.

Resilienz heißt: Den physiologischen Normalzustand nach Stressreaktionen schnell erreichen

So sehr unsere blitzschnell ablaufende Hormonkaskade in Momenten hoher Stressbelastungen dem Handeln hilft – man denke nur an lebensrettende Reaktionen bei Unfällen oder Naturkatastrophen - , so wichtig ist es, dass der Körper schnell wieder in den Normalzustand zurückfindet. Diese Fähigkeit macht den biologischen Anteil der Resilienz aus. Genau an der Stelle von körperlichen Stressreaktionen und Hormonen verschmelzen aber auch die Bereiche des Physischen und Psychischen. Immerhin kann man in Versuchen beobachten, wie die rein „psychologischen“ Techniken von Achtsamkeit und Meditation, Einfluss auf biologische Marker wie Blutdruck und Cortisolspiegel haben.[7]

Andersherum findet man erhöhte körperliche Risikoprofile bei Menschen, die laut Fragebogenauswertung als „wenig resilient“ gelten. Das Immunsystem weniger resilienter Personen zeigt sich in Laborversuchen stets auf einem geringen Level aktiv. Das äußert sich beispielsweise in höheren Werten für entzündungsfördernde Signalstoffe; die sogenannten Zytokine. Wissenschaftler leiten aus dem überaktiven Immunsystem auch eine höhere Wahrscheinlichkeit ab, an Bluthochdruck oder Arteriosklerose zu erkranken.

Wer in der frühesten Kindheit traumatische Erfahrungen machte, weist unter Umständen Abweichungen bei den Rezeptoren für Cortisol auf. Diese Mechanismen – ähnlich denen, wie sie im Mäusemütter-Experiment beschrieben wurden – sorgen dafür, dass Stresshormone schneller und intensiver ausgeschüttet werden. Hier begünstigt die biologische Grundausstattung die Anfälligkeit für Stress. Dass epigenetische Abweichungen allerdings kein unabwendbares Schicksal darstellen, haben Sie im vorangehenden Kapitel bereits erfahren.

Bei sämtlichen Übungen zur Resilienzfähigkeit sollten Sie deshalb im Blick behalten, dass Sie nicht nur die Widerstandskraft Ihrer Seele steigern, sondern auch Ihrem Körper – insbesondere Ihrem Stresshormonsystem – dabei helfen, schneller und zuverlässiger in seinen entspannten Grundzustand zurückzufedern. Diese biologische Perspektive erleichtert vielen Menschen die Herangehensweise an Übungen, die zuweilen unter einem esoterischen Image leiden. Achtsamkeit und Meditation lassen sich für einige Personen vorurteilsfreier praktizieren, wenn sie wissen, dass sie neben ihrer Psyche messbar ihr Hormonsystem beeinflussen.

---

7 Sudsuang R, Chentanez V, Veluvan K. Effect of Buddhist meditation on serum cortisol and total protein levels, blood pressure, pulse rate, lung volume and reaction time. Physiol Behav. 1991 Sep;50(3):543-8. PubMed PMID: 1801007

Resilienz kann jeder trainieren – zu jeder Zeit

So wie epigenetische Studien das Bild eines unveränderlichen Genoms aufweichen, glauben auch Psychologen nicht mehr, dass die Persönlichkeit eines erwachsenen Menschen unflexibel ist oder gar ab einem gewissen Alter wie in Stein gemeißelt erscheint. Deshalb betrachten Fachleute auch die Eigenschaft der Resilienz nicht als schicksalhaften Persönlichkeitszug, den man besitzt oder nicht. Zwar sind manche Menschen unter Umständen genetisch begünstigt in puncto Stresstoleranz oder erhalten durch eine positive Frühprägung einen besonders leichten Start ins Leben – doch die Resilienzfähigkeit eines Menschen kann auch durch Lebenskrisen gesteigert werden: Wer schwere Zeiten durchmacht und dabei aushält, was er sich vorher niemals zugetraut hätte, merkt auf einmal: *„Hoppla. Ich kann das.“* Durch überstandene Krisen wächst das Vertrauen in die eigenen Kräfte. Hier stimmt das traditionelle Sprichwort *„Was dich nicht umbringt, macht dich stärker“*. Doch leider können wir uns nicht auf unsere Resilienzfähigkeit verlassen, wenn wir meinen, sie einmal erworben zu haben. Schwere Einschnitte im Leben können unter Umständen dazu führen, dass ehemals resiliente Persönlichkeiten anschließend schlechter im Alltag zurechtkommen.

Aus Studien wissen Psychologen, dass vor allem eine spezielle Geisteshaltung hilft, Krisen zu überwinden: Der Glaube daran, dass menschliche Eigenschaften flexibel sind. Wer von Kindesbeinen an die Überzeugung hegt, Qualitäten wie „Optimismus“, „Selbstbewusstsein“ oder „Extrovertiertheit“ seien angeboren und fix, der geht im späteren Leben schlechter mit Krisensituationen um. Im Vorteil sind dagegen Menschen, die glauben, Eigenschaften und Fähigkeiten seien das Resultat von Training. Sie lehnen für sie unangenehme Situationen nicht kategorisch ab, sondern fragen sich, wie sie die nötigen Fertigkeiten zum Überwinden der Probleme erlernen können. Klappt dies nicht auf Anhieb, fällen sie kein verheerendes Urteil über sich. Hier heißt es nicht *„Ich bin ein Versager“*, sondern *„Ich muss für ein besseres Ergebnis einfach noch mehr üben"*. Das macht einen entscheidenden Unterschied im Selbstwert und in der Erwartung, was man in seiner Umwelt bewirken kann.

Doch selbst wenn Sie sich jetzt in diesem Moment nicht zu jenen optimistischen Geistern zählen, brauchen Sie nicht resignieren. Der praktische Teil dieses Buches „Die 7 Säulen der Resilienz" enthüllt Ihnen Schritt für Schritt, welche Eigenschaften die individuelle Resilienzfähigkeit fördern, und zeigt Ihnen dabei gleichzeitig zahlreiche praktische Übungen und Tools auf, die Ihnen helfen, eben jene Eigenschaften bei sich zu stärken.

Resilienz – eine Fähigkeit für (alltägliche) Katastrophen?

In Büchern und filmischen Dokumentationen zum Thema Resilienz dienen besonders schwere menschliche Schicksale häufig als Beispiel, um die seelische „Stehaufmännchenkompetenz" zu illustrieren. Dort berichten Überlebende aus Konzentrationslagern, Flüchtlinge aus Bürgerkriegsgebieten oder Opfer einer Vergewaltigung, wie sie es geschafft haben, ihr Leben nach dem einschneidenden Ereignis weiterzuführen. Wer diese Biografien als Maßstab nimmt, glaubt schnell, im eigenen kleinen Durchschnittsleben vielleicht gar keine „Seele mit Teflonbeschichtung" zu brauchen. Denn wenn wir sehen und hören, welch unvorstellbare Qualen andere Menschen durchstehen konnten, kommen uns unsere eigenen Probleme häufig marginal vor. Verdächtigen Sie sich selbst vielleicht ab und an, ein besonders empfindliches Exemplar der Gattung Mensch zu sein? Bei derart „normalen" Alltags-Schwierigkeiten, wie sie jeder von uns täglich durchmacht, sollte doch niemand gleich zusammenbrechen – so suggeriert es zumindest die moderne Leistungsgesellschaft.

Welche Ereignisse erfordern Resilienzfähigkeit im Alltag?

Doch Resilienz brauchen wir im Laufe unseres Lebens auch dann, wenn wir das Glück haben, in einem der reichen Industriestaaten leben zu dürfen und weder Naturkatastrophen noch Gewalt befürchten zu müssen. Denn es gibt viele Wendepunkte und Scheidewege im Lebensverlauf von Otto Normalbürger, die für einen Menschen erheblichen Stress bedeuten. Welches Ereignis den Durchschnittsmenschen wohl am stärksten belastet, fragten sich die Psychologen Thomas Holmes und Richard Rahe. Sie wollten im Jahre 1967 eine

Vergleichsmöglichkeit für biografische Stressfaktoren schaffen.[8] Die Washingtoner Wissenschaftler befragten dafür 5000 Menschen und entwickelten aus den Daten eine Skala, die diversen stressauslösenden Lebensereignissen, einen Wert von 0 bis 100 zuweist.

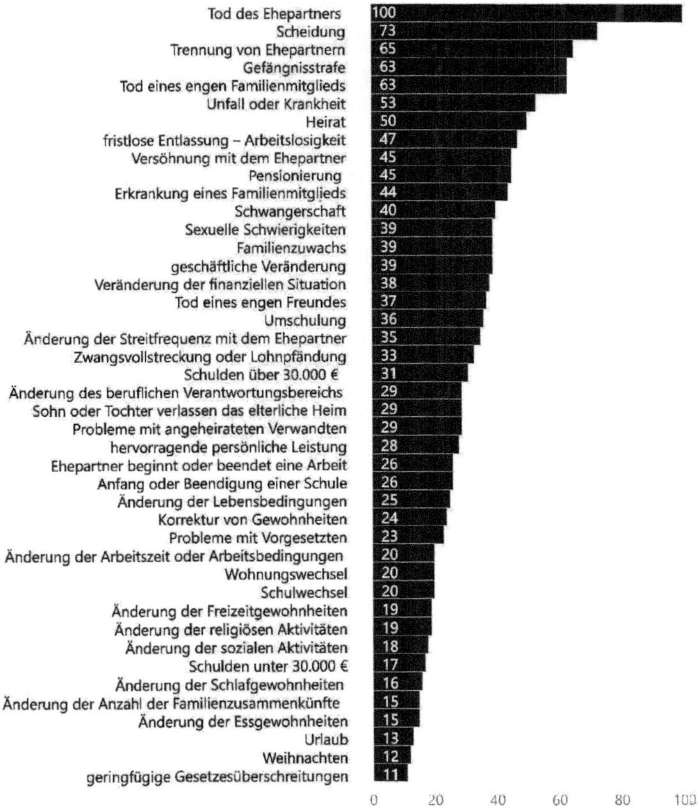

Abbildung 4 - besonders stressbelastete Ereignisse nach Holmes und Rahe

8 Noone PA. The Holmes-Rahe Stress Inventory. Occup Med (Lond). 2017 Oct 1;67(7):581-582. doi: 10.1093/occmed/kqx099. PubMed PMID: 29048597

Entscheidend ist laut Holmes und Rahe, wie viele Stresspunkte ein Mensch in einer Lebenssituation insgesamt auf sich versammelt: Ergibt der Wert aller addierten Stresspunkte weniger als 150, bewerten Fachleute die Belastung als gering. Zwischen 150 und 300 Stresspunkten prognostizierten Holmes und Rahe für den Betreffenden eine 50-prozentige Wahrscheinlichkeit, in den folgenden 2 Jahren eine psychische Krankheit wie eine Angststörung oder eine Depression zu entwickeln. Über 300 Stresspunkten liegt die Wahrscheinlichkeit für eine psychische Krankheit sogar bei 80 Prozent.

Zwar mag man vermuten, dass die Skala über die Jahrzehnte oder im Vergleich unterschiedlicher Kulturen in ihrer Aussagekraft schwankt – doch laut Fachwelt erweist sie sich als erstaunlich stabil. Interessant ist, dass sogar vermeintlich positive Lebensereignisse wie eine überdurchschnittliche persönliche Leistung oder eine Heirat einen vergleichsweise hohen Wert auf der Stress-Skala erreichen. Gerade Letzteres – der Bund der Ehe – soll allgemeinhin doch die Krönung der Liebe und damit die Quelle gesteigerten Glücks bedeuten. Junge Paare, die sich nach der Hochzeit auf einmal in Stress und Gefühlschaos wiederfinden, haben deshalb oft Schuldgefühle und trauen sich nicht, über ihre Empfindungen zu sprechen. Dabei sind sie ganz natürlich. Immerhin bedeutet die Ehe auch eine nie dagewesene Verbindlichkeit und Verantwortung. Darüber hinaus verschwimmt die Grenze zwischen Gemeinsamkeit und Autonomie. Hier warten alltägliche Diskussionspunkte und lebensverändernde Entscheidungen darauf, von den Partnern bestritten und manchmal regelrecht ausgefochten zu werden. Die Ehe bringt gewachsene Ansprüche mit und fordert vermehrte Rücksichtnahme. Sie ist eine ungewohnte Lebenssituation, die sich zuweilen wie der sprichwörtliche Sprung ins kalte Wasser anfühlt. Kein Wunder also, dass auch Resilienz gefragt ist, wenn zwei Liebende das Wagnis einer lebenslangen Verbindung starten.

Stress-Spitzen gibt es in jedem Leben

Leider treffen uns die Spitzenreiter der Holmes-Rahe-Skala statistisch gesehen mit relativ hoher Wahrscheinlichkeit: In Deutschland werden aktuell 40 Prozent aller Ehen geschieden. Die anderen 60 Prozent enden naturgemäß mit dem Tod eines der Ehepartner. Diabetes, Krebs und Herz-Kreislauf-Erkrankungen sind Leiden, die man in beinahe jeder Familie findet und die die Lebensqualität schwer beeinträchtigen. Auch der aktuelle Druck in der Arbeitswelt, der vielen Arbeitnehmern abverlangt, ständig erreichbar und stets flexibel zu sein, fordert seinen Tribut. Wenn mit Probezeiten und Zeitverträgen Mittel geschaffen werden, um Arbeitskräfte bei Bedarf schnell wieder loszuwerden, stehen Arbeitnehmer dauernd unter Spannung, sich beweisen und positionieren zu müssen. Investitionen in ein zukunftsträchtiges Studium und Zusatz-Qualifikationen sorgen dafür, dass viele junge Leute bereits verschuldet in den Arbeitsmarkt starten.

Wer sehnt sich am meisten nach Resilienz?

Stehen Sie in Ihrer aktuellen Lebensphase besonders unter Stress? Zumindest statistisch gesehen beantwortet diese Frage eine Studie der Techniker Krankenkasse in Kooperation mit dem Meinungsforschungsinstitut forsa. Im Jahre 2016 ermittelte die Befragung, welche Altersgruppe in Deutschland am häufigsten mit den alltäglichen Anforderungen hadert.[9] Dabei lassen die Daten erhebliche psychische Belastungen vor allem bei einer Altersgruppe vermuten: 82 Prozent der 30- bis 39-Jährigen gaben an, im Alltag manchmal bis häufig unter Stress zu stehen. Der Grund liegt höchstwahrscheinlich in der Doppelbelastung, kleine Kinder erziehen zu müssen und gleichzeitig entscheidende Karriereschritte voranbringen zu wollen. Doch auch andere Lebensphasen erscheinen in der Umfrage nicht viel entspannter - jede Altersgruppe leidet laut TK-Stressstudie unter ihren eigenen wunden Punkten im Nervenkostüm: bei den 18- bis 29-Jährigen verursacht der Beruf die meisten Sorgen, bei den 30- bis 39-Jährigen die Kinder. Die 40- bis 49-Jährigen leiden vor allem unter privaten Konflikten, während sich viele 50- bis 59-Jährige mit der Krankheit eines nahen Angehörigen auseinandersetzen müssen. Schließlich bildet die Pflege eines Angehörigen bei den 60- bis 69-Jährigen den größten Stressfaktor.

9 https://www.tk.de/resource/blob/2026630/9154e4c71766c410dc859916aa798217/tk-stressstudie-2016-data.pdf

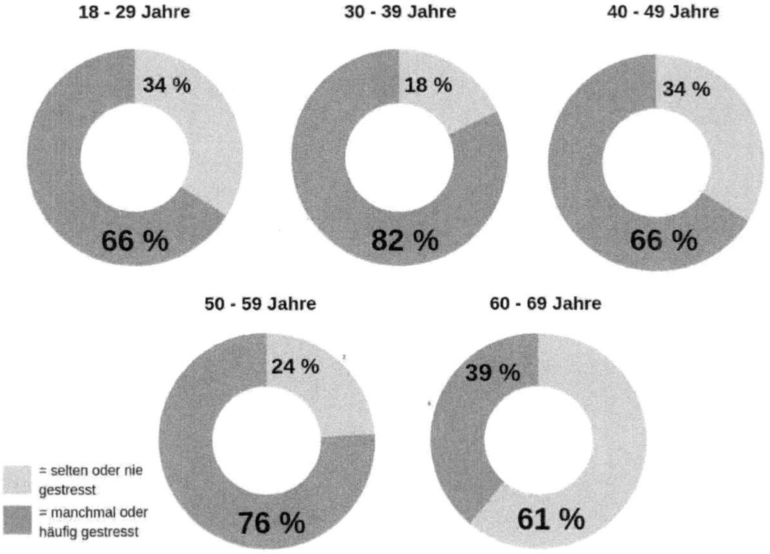

Abbildung 5 - Stress in den verschiedenen Altersgruppen (Daten: TK-Stressstudie 2016)

Mit den Jahren ändern sich nicht nur die belastenden Themen, sondern auch die Taktik, mit der Menschen dem alltäglichen Stress begegnen: Während noch 63 Prozent der 18 – bis 39-Jährigen angeben, die Belastung einfach durchhalten zu wollen, trifft dies nur noch auf 47 Prozent der Menschen über 60 Jahren zu. Hier erhöht sich wiederum der Anteil von Personen, die Stress bewusst vermeiden. Die beiden Geschlechter sehen die Ursachen ihrer Stressbelastung in leicht unterschiedlichen Lebensbereichen. 54 Prozent der Männer geben mehrheitlich an, vorwiegend durch die Arbeit belastet zu sein. Die drei meistgenannten Negativfaktoren im Beruf sind für sie:

1. schlichtweg zu viel Arbeit
2. Terminstress
3. Unterbrechungen

Dabei steigt die Empfindung von Stress im Beruf proportional zu den wöchentlichen Arbeitsstunden. Beschäftige, die nur halbtags tätig sind, klagen wesentlich weniger über Belastungen im Job.

Für Frauen hingegen sind die überhöhten Ansprüche an sich selbst der größte Stressfaktor. 48 Prozent klagen darüber, dass sie dem idealen Selbstbild einfach nicht genügen können. Hier spielt die Vorstellung einer leistungsfähigen Karrierefrau und liebevollen Mutter, die äußerlich attraktiv und moralisch integer ist, die maßgebliche Rolle. Interessanterweise unterscheidet sich die Stresswahrnehmung der Geschlechter nur in einem Punkt des Alltagslebens nicht: 30 Prozent aller Männer und Frauen geben an, tägliche Stressmomente im Straßenverkehr zu erleben.

Auch der Wohnort kann einen Einfluss auf das Stressempfinden haben. Die TK-Stressstudie offenbart hier einen deutlichen Unterschied zwischen den südlichen und nördlichen Bundesländern. Mit 68 bzw. 66 Prozent bezeichnen die Menschen in Baden-Württemberg und Bayern ihr Leben wesentlich häufiger als stressig, als es die Einwohner von Bremen, Hamburg, Niedersachsen, Schleswig-Holstein und Mecklenburg-Vorpommern zu tun pflegen. Hier glauben 54 Prozent der Bevölkerung, „häufig bis manchmal" unter einer alltäglichen Stressbelastung zu stehen.

Bei einem Fünftel der 18- bis 39-Jährigen und knapp einem Drittel der 40- bis 59-jährigen Umfrage-Teilnehmer hatte anhaltender Stress im Alltag sogar gesundheitliche Folgen: Diese Personen entwickelten in Reaktion auf die Belastung eine psychische oder organische Krankheit. Bei all dem wird klar: Allein ein „normales" Leben ohne Dramen und Extrembelastungen bietet ausreichend Anlässe, um die individuelle Resilienzfähigkeit hart auf die Probe zu stellen. Weil Schicksalsschläge häufiger in höherem Alter auftreten, liegt es nahe, sich relativ früh im Leben mit dem Thema Resilienz auseinandersetzen. Oder zumindest dann, wenn der Eintritt in den Beruf und die Gründung einer Familie als zwei erhebliche Stress-Risikofaktoren vor der Tür stehen.

Deutschland braucht mehr Resilienz!

Die Ergebnisse der Stressstudie unterstreichen allerdings auch, dass Resilienz nicht allein eine Fähigkeit des persönlichen Interesses bleibt, sondern gesellschaftliche Relevanz erreicht. Schließlich sind die Fehlzeiten aufgrund von psychischen Erkrankungen bei Arbeitnehmern seit 2006 kontinuierlich angestiegen. Vergleicht man hier die Daten vom Jahr 2000 mit den Erhebungen 15 Jahre später, haben Diagnosen im Bereich der psychischen Störungen um 90 Prozent zugenommen. Zwar fehlen Arbeitnehmer auch heute noch **häufiger wegen Atemwegserkrankungen, Infektionen und Krankheiten des Muskel- und Skelettsystems, doch verursachen die psychiatrischen Indikationen deutlich mehr Fehltage** als die körperlichen Leiden. Pro Fall einer psychisch bedingten AU sind Männer im Durchschnitt 44 Tage, Frauen 40 Tage lang krankgeschrieben (Stand 2017). Burn-Out und Depressionen präsentieren die am häufigsten gestellten Diagnosen und auch die häufigsten Gründe bei Frühverrentungen. Diese Daten suggerieren, dass unsere Resilienzfähigkeit als Gesellschaft in den Jahren nach dem Milleniumswechsel deutlich abgenommen hat.

Was eine resiliente Gesellschaft anbelangt ist auch die Politik gefragt, ihren Bürgern durch das Schaffen von menschenwürdigen Arbeitsbedingungen, Mindestlohn und bezahlbarem Wohnraum ein Umfeld zu schaffen, in dem ihre psychischen Kapazitäten genügen, um Stressfaktoren auszugleichen. Aus diesem Bedürfnis wurden auch die **jüngeren Initiativen für ein bedingungsloses Grundeinkommen** geboren: Sie stellen heraus, wie finanziell prekäre Situationen erst der Gesundheit und schlussendlich auch der Produktivität von Menschen schaden.

Bestrebungen zur politischen Relevanz von psychischen Schutzfaktoren und damit auch der Resilienzfähigkeit stecken in Deutschland derzeit noch in den Kinderschuhen. Doch sie können kleine Erfolge verzeichnen: Immerhin veranlasste der Bundestag im Juni 2013 per Gesetz, dass Arbeitgeber die psychische Belastung ihrer Mitarbeiter kontinuierlich ermitteln müssen.

Teil 2

Praxis – die 7 Säulen der Resilienz

Während die Politik im Spannungsfeld zwischen Bedürfnissen ihrer Bürger und Interessen globaler Wirtschaftsriesen keine großen Schritte zur Sicherung eines lebenswerten Umfeldes unternimmt, ist die Ressource Resilienz allerdings in den Fokus der Wissenschaft gerückt. Bereits 2014 wurde in Mainz das Deutsche Resilienz Zentrum gegründet, das durch Analyse von bestehenden Studien und mit der Organisation neuer Versuche erforschen will, worin die menschliche Resilienzfähigkeit genau besteht. „*Im Grunde wissen wir nicht viel*", muss der wissenschaftliche Leiter Professor Klaus Lieb im Interview mit der Zeitschrift Spiegel zugeben. Denn seit Gründung des DRZ durchkämmten die Forscher rund 300 Studien und Therapieprogramme auf der Suche nach resilienzfördernden Werkzeugen, die wirken. Die kausale Beziehung zwischen einer Methode X und einer gesteigerten Resilienz bei den Studienteilnehmern trat allerdings nicht zutage. Dafür scheint es eine ganze Reihe relevanter Strategien und Eigenschaften zu geben, die Menschen auch im Erwachsenenalter zu mehr Resilienzfähigkeit verhelfen. Zum Beispiel Programme, die Achtsamkeit oder Selbstwirksamkeit trainieren. Soldaten, die die betreffenden Kurse absolvieren, leiden nach Einsätzen weniger unter posttraumatischen Belastungsstörungen. Auch Menschen, die ihre an Demenz erkrankten Angehörigen pflegen, empfinden nach dem Training weniger Belastung.

Die Psychologin Martha Höfler, die in ihrer Dissertation von 2016 insgesamt 664 Studien zur Resilienz verarbeitet hat, kommt hingegen zu dem Schluss, dass vor allem das subjektive Empfinden von Kontrolle, von Verantwortlichkeit und die soziale Anpassungsfähigkeit eines Menschen seine Resilienz bestimmt.[10]

10 Höfler M, Die Förderung der Resilienz Erwachsener: systematische Identifikation von psychischen Schutzfaktoren und pädagogische Handlungsansätze für ihre Entwicklung (2016)

Wie es Psychologen seit Emmy Werner betonen, ist Resilienz also kein genereller Wesenszug, sondern ein Konstrukt aus vielen Eigenschaften. Aus den aktuellen Studien kann man, wie Professor Lieb vom DRZ erklärt, lediglich ableiten, wie sich die einzelnen Facetten von Resilienz stärken lassen. Doch welche Einzelmerkmale sind für die psychische Widerstandskraft essenziell?

Beim Vergleich der verschiedenen Therapieprogramme und Studien variiert zwar der jeweilige Fokus, doch tauchen die folgenden 7 Säulen der Resilienz immer wieder auf:

- Selbstwirksamkeit
- Optimismus
- Verantwortung und Gefühlsregulation
- Soziale Kompetenz und Netzwerkorientierung
- Akzeptanz der Realität
- Zukunft und Visionen
- Kreativität

Die Begriffe allein sind nichts als Schlagwörter. Um Nutzen daraus zu ziehen, müssen Sie wissen, wie Sie die betreffenden Merkmale individuell unterstützen und stärken können. Daher stellen Ihnen die folgenden Kapitel praktische Tools, Übungen und Gedankenmodelle vor, mit denen Sie an den 7 Säulen Ihrer Resilienzfähigkeit arbeiten können. Womöglich entdecken Sie, dass die eine oder andere Stärke bei Ihnen bereits gut ausgeprägt ist. Bei anderen Eigenschaften befürchten Sie vielleicht, dass sie bei Ihnen fast nicht vorhanden sind. Konzentrieren Sie sich bei den Übungen nicht allein darauf, wo sich Ihrer Meinung nach in Ihrem Alltag Defizite ergeben. Denn auch das Trainieren bereits vorhandener Stärken hat seine Berechtigung. Erfolgscoaches empfehlen, rund 80 Prozent seiner Energie in das Ausbauen von schon bestehenden Talenten und Fertigkeiten zu stecken und nur 20 Prozent der Kraft darauf zu verwenden, Schwächen zu kompensieren. Diese Strategie hebt die Laune, weil Sie nicht überwiegend mit dem Gefühl der

Unzulänglichkeit konfrontiert werden, sondern bereits zu Beginn Erfolge feiern.

Einige Übungen werden Sie als interessierter Leser vielleicht bereits aus Ratgebern zu Selbstdisziplin, Zeitmanagement oder Achtsamkeit kennen. Bewerten Sie darum den Inhalt der folgenden Kapitel nicht als „Recycling". Wie bereits beschrieben, bildet „Resilienz" keine einzeln trainierbare Fähigkeit, sondern einen Komplex von Fähigkeiten. Ein Trainingsprogramm für Resilienz muss sich naturgemäß darauf konzentrieren, spezielle **Übungen für jedes** essenzielle Element bereitzuhalten.

Verschaffen Sie sich einen Überblick **über die Tools** und trainieren Sie zunächst, was Ihnen sympathisch erscheint. Jedes Kapitel bietet unterschiedliche Optionen, um die jeweilige „Säule" zu stärken. So können Sie wählen, welche Strategie für Sie am besten passt.
Viel Erfolg!

Säule 1: „Ich weiß, ich kann es schaffen" – Selbstwirksamkeit

Selbstwirksamkeit oder Selbstwirksamkeitserwartung nennen Psychologen immer wieder als zentrales Element, wenn es um die Fähigkeit geht, Krisen zu überstehen. Doch was versteht man darunter genau? Im Prinzip bedeutet Selbstwirksamkeit nichts anderes, als das tief überzeugte Gefühl: *„Ich kann etwas bewegen!"* Wer glaubt und sieht, dass seine Taten mit Erfolgen gekrönt werden und in seiner direkten Umgebung Veränderungen bewirken, der gewinnt Vertrauen in sich selbst und seine Fähigkeiten. Wer weiß, dass er aktiv Prozesse anstoßen kann, fühlt sich weniger hilflos und begibt sich weniger häufig in die Opferrolle. Darüber hinaus neigen Menschen mit hoher Selbstwirksamkeitserwartung dazu, ihr Leben aktiver zu gestalten, anstatt abzuwarten und nur auf die Einflüsse von außen zu reagieren.

Doch wie erlangen wir in einer Welt, die gelegentlich von Zwängen regiert wird, ein Gefühl der Selbstwirksamkeit? Wie kann ich mich als Akteur empfinden, wenn ich glaube, in bestimmten finanziellen oder familiären Verhältnissen festzustecken, ohne eine direkte Handhabe zu haben?

Der simple Trick dafür, ein unmittelbares Gefühl der Selbstwirksamkeit zu erlangen, ist es, im ganz persönlichen Bereich damit zu starten. Unbestritten brauchen wir auch das positive Feedback unserer Mitmenschen, um uns von unserer Selbstwirksamkeit zu überzeugen. Doch die Person, die Ihnen am schnellsten ein Erfolgserlebnis verschaffen kann, sind Sie selbst.

Denken Sie einmal darüber nach, welche Projekte Sie gern für sich ganz persönlich realisieren wollen oder in der Vergangenheit realisieren wollten. Sind es sportliche Erfolge? Eine Gewichtsabnahme? Das Lernen einer Fremdsprache? Das Absolvieren eines

Fernstudiums? Eine regelmäßige Meditationspraxis? M fassen denkbar oft Entschlüsse für die zukünftige Gestaltung ihres Lebens, weil sie tief in sich spüren, dass sie ihnen nachhaltig guttun würden. Leider enden diese Entschlüsse ebenso häufig als gescheiterte Vorsätze kurz nach Jahresbeginn.

Wie diese Flops auf das eigene Selbstwirksamkeitsgefühl wirken, haben Sie sicher schon einmal am eigenen Körper erlebt. *„Ich müsste mal wieder …“* und *„Ich wollte doch eigentlich …“* sind mahnende Gedanken, die sich mit dem Gefühl mischen, wieder einmal versagt zu haben. Die Feststellung *„Ich schaff das einfach nicht“* schwebt manchmal wie ein Damoklesschwert über der eigenen Disziplin und lässt Sie unterschwellig an zukünftigen Vorhaben zweifeln. Wie gut müssen sich nur all jene Menschen fühlen, die einfach das durchsetzen, was sie sich vorgenommen haben? Solche Gewinnertypen scheinen eine ewig sprudelnde Quelle der Selbstdisziplin zu besitzen …

Doch was Menschen eigentlich stärkt, wenn sie konsequent ihre Ziele verfolgen, ist nicht die vermutete Eigenschaft der Disziplin, sondern das kontinuierlich motivierende Feedback, das ihnen ihre eigenen Erfolge geben: *„Du kannst es schaffen!“* – klingt in jeder absolvierten Joggingeinheit und in jedem abgespeckten Kilo mit. Und je größer die Erfolge mit der Zeit ausfallen, desto mehr befeuert dieses Gefühl der Selbstwirksamkeit das Durchhaltevermögen. Wenn dieser Mechanismus so simpel ist – was lässt die einen scheitern, während die anderen scheinbar mühelos für den Marathon trainieren und interessante Hobbys verfolgen? Hier liegt der Unterschied oft in der Höhe der Hürde:

!!! Mit kleinen Schritten zu großen Erfolgen !!!

Einen Weg, der garantiert das Gefühl von Selbstwirksamkeit steigert, beschreibt der amerikanische Blogger Stephen Guise in seinem Buch „Mini Habits“. Der Autor hatte jahrelang versucht, einem

Sportprogramm zu folgen, dass ihn vom Couchpotato wieder in sein fittes Selbst transformieren sollte. Allerdings gelang es ihm einfach nicht, bei der Sache zu bleiben - ganz gleich, mit welchem Motivationsmantra er seinem inneren Schweinehund auch zu Leibe rücken wollte. Im Zustand tiefster Resignation entwickelte Guise schließlich eine Strategie, die zunächst mehr als Witz, denn als Methode formuliert wurde: Die One-Push-Up-Challenge. Sie bestand in der Übereinkunft mit sich selbst, jeden Tag wenigstens einen Liegestütz zu absolvieren. Ein Jahr später befand sich Guise nicht nur in körperlicher Bestform, sondern hatte auch weitere Projekte, z.B. das Schreiben eines Buches, dramatisch vorangetrieben. Wie war das möglich?

Ganz einfach. Stephen Guise hatte sich dem uralten Prinzip der kleinen Schritte bedient, das für unsere Psyche und unser Gehirn unschlagbare Vorteile bietet: Kleine Schritte erleichtern das Bilden von Gewohnheiten. Und wer eine verlässliche Gewohnheit etabliert hat, braucht für das Erreichen eines Ziels weder Unmengen an Willenskraft noch emotional überschäumende Motivationsbekundungen. Wer Gewohnheiten hat, kann sich auf sich selbst verlassen und erlebt eines ganz gewiss: eine wachsende Selbstwirksamkeit.

Wie etabliere ich Gewohnheiten in kleinen Schritten?

Zuerst befreien Sie sich von den üblichen Gedankenfallen: Angenommen, Sie wollen ein Sportprogramm etablieren und jemand schlägt Ihnen vor, es in Mikro-Einheiten anzugehen. Zum Beispiel täglich ganze 5 Minuten Krafttraining einzuplanen. Wie reagieren Sie darauf?

Wahrscheinlich spöttisch: *„Fünf Minuten? Das bringt doch nichts! Und überhaupt: Fettverbrennung erreicht man nur durch Cardiotraining. Und das erst ab der 30. Minute! Zum effektiven Trainingsplan gehören noch 45 Minuten auf dem Fahrrad oder Crosstrainer - mindestens 3-mal pro Woche!“*

Natürlich können Sie diese Ansicht äußern. Und versuchen, sich ein perfektes Trainingsprogramm zusammenzustellen, das Sie pro Woche mindestens 5 bis 7 Stunden lang beansprucht. Doch seien Sie ehrlich: Wenn Sie diesen anspruchsvollen Vorsatz in einem Moment fassen, in dem Sie vielleicht monatelang gar keinen Sport getrieben haben – wie lang dauert es, bis Sie von entschlossener Euphorie in Verbissenheit und schließlich in Vermeidung übergehen? Vielleicht weniger als 14 Tage. Sie lassen Trainingseinheiten ausfallen. Überspringen erst einen, dann mehrere Tage und erklären Ihr Vorhaben letztendlich für gescheitert.

Sehen wir uns einmal die andere Seite der Medaille an. Das Aufgeben eines Vorsatzes bedeutet 0 Minuten Sport am Tag. Wahrscheinlich sogar 0 Minuten im folgenden Monat und im schlechtesten Fall sogar 0 Minuten innerhalb eines ganzen Jahres.

Demgegenüber summieren sich 10 Minuten Training täglich in einem Monat zu 300 Minuten und in einem ganzen Jahr zu 60 Stunden Training. Das ist wesentlich besser als nichts. Und benötigt eine Anstrengung, die nur marginal darüber hinausgeht, einfach nichts zu tun.

Jeden Tag wenige Minuten in ein neues Vorhaben zu investieren, ist meist auch effektiver als alle paar Wochen eine stundenlange Gewaltaktion einzulegen. Oft erreicht man mit einer Minutengewohnheit in der Summe eines Jahres mehr als mit periodischen Phasen ausufernder Anstrengung. Gleichzeitig sind Mikro-Rituale unbestritten angenehmer als Hauruck-Aktionen.

Ich will alles und zwar sofort – warum die Amygdala ferne Ziele nicht mag

„Eine Reise von tausend Meilen beginnt mit dem ersten Schritt“
So lautet ein bekanntes Laotse-Zitat. Und selbst während einer Reise von tausend Meilen kann der Reisende nur einen einzelnen

Schritt nach dem anderen tun. Doch warum unterschätzen wir die Macht der Kontinuität so häufig, wenn es sich um kleine Veränderungen handelt?

Die Erklärung liegt in der menschlichen Wahrnehmung der Zeit. Viele Menschen sind gepolt auf schnelle Erfolge und wollen angestrebte Ziele möglichst rasch und sichtbar erreichen. Dieses Verhalten stellt gehirnbiologisch gesehen keinen übertriebenen Ehrgeiz dar, sondern ist vielmehr eine Facette der Impulsivität. Impulsives Verhalten wird in erster Linie von unseren eher archaischen Gehirnregionen verursacht, wie z.B. der Amygdala. Ihr rationaler Gegenspieler, der präfrontale Cortex, kann dagegen Reflexe bremsen und Begehrlichkeiten aufschieben. Diese Reife erlangt der Cortex allerdings erst ab einem bestimmten Entwicklungsalter. Doch auch unter Erwachsenen finden sich Charaktere, die ihren Impulsen stärker ausgeliefert sind als andere. Wie sich der Hang zu impulsivem Verhalten bereits im Kindesalter zeigt, demonstrierte der Psychologe Walter Mischel in den 1960er Jahren in seinem weltberühmten „Marshmallow-Experiment“:[11]

Hier hatten die Kleinen im Alter von etwa 3 bis 4 Jahren die Wahl: Sie konnten ein Marshmallow bekommen, das sie sofort verzehren durften, oder, mit dem verführerischen Marshmallow vor der Nase rund 10 Minuten warten, woraufhin als Belohnung gleich zwei Marshmallows winkten. Mischel stellte fest, dass einige der Kinder schlichtweg nicht in der Lage waren, dem Impuls zu widerstehen, das erste Marshmallow sofort zu essen. Viele trafen diese Wahl nicht sofort, sondern versagten, während sie versuchten, die Wartephase im Angesicht der verführerischen Süßigkeit zu überstehen. Nachdem die kleinen Naschkatzen das Marshmallow einige Minuten lang anstarrten, steckten sie es sich plötzlich in den Mund,

---

11 Mischel W, Ayduk O, Berman MG, Casey BJ, Gotlib IH, Jonides J, Kross E, Teslovich T, Wilson NL, Zayas V, Shoda Y. ‚Willpower‘ over the life span: decomposing self-regulation. Soc Cogn Affect Neurosci. 2011 Apr;6(2):252-6. doi: 10.1093/scan/nsq081. Epub 2010 Sep 19. Review. PubMed PMID: 20855294

ohne auf das zweite zu warten. Innerhalb einer Langzeitstudie fand Mischel heraus, dass die Kinder, die im Marshmallow-Experiment impulsiver agiert hatten, auch im Erwachsenalter durch ihr „Leben im Moment“ mehr Schwierigkeiten beim Karrieremachen und in Beziehungen bekamen.

Diverse Experimente mit Erwachsenen zeigen ebenfalls, dass einige Menschen kaum in der Lage sind, den Nutzen einer zukünftigen Belohnung zu realisieren. Bietet man Probanden den Betrag von 100€ sofort oder 300€ in einem Jahr, entscheidet sich ein großer Prozentsatz für die sofortige Finanzspritze, obgleich selbst ein Grundschulkind mit Kenntnis des Einmaleins zum Abwarten raten würde. Doch hier regiert keine kühle Mathematik, sondern der Impuls: Unser Gehirn findet Belohnungen in der Zukunft schlichtweg deshalb weniger attraktiv, weil sie nicht sofort verfügbar sind. Der psychologische Fachbegriff für dieses Phänomen lautet *Diskontierung*. Das bedeutet in der Finanzwelt so viel wie Abzinsung. Psychologisch gesehen, sind uns 100€ im Jetzt zuweilen genauso viel wert wie 300€ in der Zukunft.

Überrumpeln Sie Ihre Amygdala mit Mini-Gewohnheiten

Wer seinen Körper in Form bringen oder ein Handwerk erlernen will, der stellt seinem Gehirn einen fern in der Zukunft liegenden Nutzen in Aussicht. Diese Aussicht motiviert insbesondere unsere Amygdala kaum. Nicht die erwartete Kraftanstrengung, sondern schlichtweg die Zeitspanne, die bis zum Erreichen des Ziels vergeht, lässt es für unser Gehirn unerreichbar und wenig attraktiv erscheinen. Kein Wunder also, dass wir instinktiv versuchen, gleich beim Start eines Projektes so viel dafür zu tun wie möglich. Wer das Joggen wieder aufnimmt, erliegt oft dem Irrtum oder eher dem impulsiven Wunsch seines Gehirns, bereits am nächsten Wochenende marathonfit zu sein.

Weil das physikalisch nicht funktionieren kann, müssen wir unser Hirn, das impulsiv nach Belohnungen schreit, mit kleinen Schritten überlisten. Diese Mini-Ansprüche erzeugen nämlich relativ wenig Widerwillen. Zehn Minuten Sport oder, wie Stephen Guise beschreibt, nur eine einzige Liegestütz täglich, sind nichts, wovor der innere Schweinehund zittert. Und sie haben zusätzlich den Vorteil, dass Sie sich mit Ihrer Impulsivität verbünden können. Denn Mini-Aufgabe können Sie impulsiv irgendwann während des Tagesverlaufes erledigen.

Wenn Sie erst einmal dabei sind, lässt sich Impulsivität auch zur Leistungssteigerung ausnutzen:

„Ach, wenn ich schon hier auf der Yogamatte liege, kann ich auch noch eine neue Pose einüben."

„Ich habe schon 10 Sit-Ups geschafft und fühle mich super dabei. Ich mache einfach nochmal 10."

Selbst wer sich nur 10 Minuten Sport vorgenommen hat, kann so an guten Tagen schlussendlich bei einer 90-minütigen intensiven Trainingseinheit landen. Und dann gibt es die anderen Tage: Die, an denen die Stimmung auf dem Tiefpunkt ist, die Arbeit einem bis zum Hals steht und die Zeit rast. Wenn Sie völlig erschöpft im Bett liegen und gegen 23 Uhr merken, dass Sie Ihre 10-Minuten-Einheit noch nicht absolviert haben, sollten Sie noch einmal aufstehen und dies einfach tun. Und zwar nur die absolute Minimal-Ausführung. Etwas Anstrengung ist zwar nötig, doch es ist durchaus machbar. Wenn Sie es schaffen, erziehen Sie Ihr Gehirn damit langsam zu Ihrem wichtigsten Partner in puncto Selbstwirksamkeit.

Gewohnheiten entlasten Ihre Willenskräfte ur Ihre Selbstwirksamkeit

Widmen Sie Ihrem Projekt konsequent täglich wenige Minuten, fördert dies die Bildung einer Gewohnheit. Und Gewohnheiten unterscheiden sich von sporadischen Verhaltensweisen vor allem dadurch, wie Ihr Gehirn sie speichert. Entscheidungen zu gelegentlichen Aktionen, die wir tun „sollten", treffen wir nämlich mit unserem rationalen Gehirnteil, dem präfrontalen Cortex. Er kann das Für und Wider abwägen, Argumente mit sich selbst diskutieren und schlussendlich ein Urteil darüber fällen, was getan werden soll.

Das Problem des Cortex: Er braucht dazu reichlich Energie in Form von Glukose und ist gegenüber unseren archaischen Gehirnteilen in einer benachteiligten Situation. Reize, die beispielsweise von der Amygdala ausgehen – dem Hirnteil, der unseren Organismus in bedrohlichen Situationen in Millisekunden zu Flucht oder Angriff treibt – übertönen jeden Plan, den unser Cortex vorab gefasst hat. Wie die Kräfteverhältnisse zwischen den Hirnregionen dabei aussehen illustriert Petr Ludwig in seinem Buch „Schluss mit Prokrastination": Er zeichnet die Amygdala als Elefanten und die Willenskraft, den präfrontalen Cortex, als seinen winzigen Reiter. Wenn der Elefant aufgrund eines äußeren Impulses durchgeht und davongaloppiert, hat der Reiter keine Chance, mit seinen körperlichen Kräften Einfluss auf die Richtung zu nehmen, in die es geht. Unter Stress werden unser rationaler Hirnteil und unser Gedächtnis teilweise blockiert – wir wechseln über zu automatisierten Prozessen.

Wie kann das Bilden von Gewohnheiten dabei helfen, unseren inneren Elefanten zu zähmen? Ganz einfach: Gewohnheiten, die wir fest etabliert haben, sind nicht mehr Thema einer aktiven Entscheidung des Cortex, sondern siedeln sich in den sogenannten Basalganglien an. Sie sind ebenfalls ein eher archaischer Teil unseres

Gehirns, der automatisierte Prozesse abspielt. Überlegen Sie einmal: Wie viel Motivation und Willenskraft benötigen Sie dafür, sich am Morgen die Zähne zu putzen oder zu duschen? Wieviel Überwindung ist nötig, um Ihr favorisiertes Getränk am Morgen zuzubereiten? Wahrscheinlich keine spürbare. Gewohnte Dinge fallen Ihnen leicht, weil Sie die betreffenden Handlungen durch hunderte bis tausende Male der Wiederholungen in Ihren Basalganglien verankert haben. Anschließend verselbstständigen sich die täglichen Gewohnheiten so sehr, dass es beinahe mehr Anstrengung erfordert, auf sie zu verzichten als ihnen zu folgen.

Von diesem Phänomen profitieren auch Menschen, die seit Jahren konsequent Sport betreiben, ihr Hobby verfolgen oder ihren Garten pflegen. „*Wie schaffst du das bloß?*" ist demgegenüber eine häufige, aber unangebrachte Frage, denn es erfordert kaum noch Willenskraft, der festen Gewohnheit zu entsprechen. Wenn Sie es mithilfe einer niedrigen Schwelle für die Amygdala schaffen, auch das Projekt Ihres Herzens zu Ihrer festen Gewohnheit werden zu lassen, werden Sie ebenfalls von diesem Effekt profitieren.

Gewohnheitsmäßiges Handeln bringt dann wachsende Selbstwirksamkeit und größere Entspannung. Denn in psychologischen Studien konnten Fachleute nachweisen, dass feste Gewohnheiten wesentlich weniger Stress im Handelnden erzeugen als eine nicht alltägliche Aktion.[12] Und es gibt einen weiteren Vorteil: Forscher wiesen nach, dass sich Menschen, die sich tagtäglich im Verfolgen einer Gewohnheit disziplinierten, auch in anderen Lebensbereichen besser steuern konnten. Die Mini-Gewohnheit übt quasi einen disziplinierenden Kaskadeneffekt auf Ihre übrigen Tätigkeiten aus. Zumindest konnten Forscher das an Studenten beobachten, die angewiesen worden waren, den Tag über auf ihre aufrechte Körperhaltung zu achten. Diejenigen, die sich den geraden Rücken zur Gewohnheit machten, trieben tendenziell auch mehr

12 Wood W, Quinn JM, Kashy DA. Habits in everyday life: thought, emotion, and action. J Pers Soc Psychol. 2002 Dec;83(6):1281-97. PubMed PMID: 12500811

Sport, aßen gesünder und lernten mehr für die Uni. Das Fazit der Forscher: Positive Gewohnheiten sind quasi „ansteckend".[13]

Doch bis ein Verhalten tatsächlich zur Gewohnheit wird, kann es dauern: Je nach Mensch und Vorhaben zwischen 66 und 254 Tage. Im Verlauf dieser Zeitspanne wächst die Anstrengung nicht, sondern reduziert sich langsam. Das Forschungsteam um den australischen Psychologen Roy Baumeister ist sich sogar sicher: Die Selbstdisziplin, mit der wir uns täglich zu unseren Vorhaben überwinden, funktioniert wie ein Muskel. Je häufiger sie eingesetzt wird, desto leichter fällt ihr die geforderte Entscheidung für unsere angestrebten Ziele. Doch wie ein Muskel kann diese Kraft auch ermüden, wenn Sie ihr zu viel abverlangen.[14] Bleiben Sie deshalb stets bei Ihrem Plan, aber reduzieren Sie den Zeiteinsatz an anstrengenden Tagen auf das Minimum. Nur nicht ganz aufhören. Wenn Sie das beherzigen, hat das Verfolgen eines Zieles in kleinen Schritten vor allem einen positiven Nebeneffekt für Ihre Psyche: die Entdeckung Ihrer Selbstwirksamkeit.

Zugegeben, für ein physiologisch optimales Training oder das Lernen einer Sprache ist das tägliche Verfolgen von Mini-Einheiten nicht zwingend nötig. Wer hier 3-mal die Woche aktiv ist, kann ebenfalls große Erfolge erzielen. Aber die tagtägliche Mini-Einheit stärkt nachhaltig eine unserer wichtigsten Stärken: das Selbstvertrauen. Fatal am Auslassen einer Trainingseinheit sind nämlich nicht die fehlenden Bewegungsminuten, sondern das, was Ihrer Psyche passiert: Sie fühlen sich schuldig. Glauben vielleicht, Sie hätten versagt. Verallgemeinern womöglich, dass Sie sowieso nie etwas auf die Reihe bekommen, und entwickeln gegenüber dem Trainingsvorhaben unterschwellig ein negatives Gefühl. Wenn

13 Muraven M, Baumeister RF, Tice DM. Longitudinal improvement of self-regulation through practice: building self-control strength through repeated exercise. J Soc Psychol. 1999 Aug;139(4):446-57. PubMed PMID: 10457761

14 Muraven M, Baumeister RF. Self-regulation and depletion of limited resources: does self-control resemble a muscle? Psychol Bull. 2000 Mar;126(2):247-59. Review. PubMed PMID: 10748642

wir unseren selbstgesteckten Zielen nicht entsprechen, schadet das unserem Selbstwert nachhaltig. Das ist umso schlimmer, zumal, weil die meisten Menschen kaum geübt darin sind, sich Ziele zu setzen, die sie auch unter schwierigsten Bedingungen jederzeit erfüllen können. Doch genau das ist gefordert!

Ihr Ehrgeiz und Ihre Lust an Ihrem Projekt kommen ganz von selbst, wenn Sie erst einmal bei der Sache sind. Doch als Basis sollten Sie sich zunächst nur ein tägliches Pensum abverlangen, das Ihnen auf den ersten Blick geradezu lächerlich klein erscheint. Damit sind Ihnen die Erfolgserlebnisse und das Gefühl von Selbstwirksamkeit bereits zu Beginn Ihres Vorhabens garantiert. Und Ihre Selbstwirksamkeit, d.h. Ihr Glaube, tatsächlich etwas bewegen zu können, wächst, je öfter Sie ihn im Alltag verspüren.

Viele kleine Erfolgserlebnisse können zuweilen einen großen Rückschlag auffangen. Zum Beispiel verkraften Menschen leichter den Verlust der Arbeitsstelle, wenn Sie sich in anderen Belangen ihres Lebens engagieren und kontinuierlich ihre Ziele verfolgen. Andersherum zieht derjenige, der sich in kleinen Gewohnheiten als verlässlich und erfolgreich erlebt, daraus Kraft für größere Herausforderungen. Wenn Sie Selbstwirksamkeit bei sich im Kleinen erleben, wagen Sie auch im Großen mehr:

Daher der Rat zur folgenden Übung:

Praktische Übung: Mit Mikrogewohnheiten zu mehr Selbstwirksamkeit

1. Welches Projekt wollten Sie schon immer einmal in Ihrer Freizeit angehen? Entscheiden Sie sich für ein neues Vorhaben oder für eines, bei dem Sie bereits etliche Male gescheitert sind.

2. Formulieren Sie für das gewählte Projekt ein tägliches Maß, das Sie beinahe zum Lachen bringt, weil es so gering erscheint. Das können zum Beispiel 10 Minuten Training oder 15 Minuten Lesen sein.

3. Starten Sie! Absolvieren Sie täglich die geforderte Einheit. Hier gilt: Sie dürfen das minimale Maß zwar belächeln, aber die Einheit niemals canceln.

4. Ziehen Sie nach 2 Wochen ein Zwischenfazit: Wie fühlen Sie sich? Wie oft wollten Sie freiwillig über das vereinbarte Maß hinausgehen? Wie gewohnt fühlt sich das Projekt bereits in Ihrem Alltag an?

5. Machen Sie weiter ... und weiter ... und weiter

Selbstwirksamkeit in Beruf und Studium

Wer einmal mit dem Etablieren von Mini-Gewohnheiten begonnen hat, ist schnell überzeugt von der positiven Kraft, die von den schrittweisen Veränderungen des Alltags ausgeht. Leider taugen die Minuten-Einheiten nicht zum Erleben von mehr Selbstwirksamkeit in Arbeit und Studium. Denn dort müssen Sie sich (werk-) täglich normalerweise mehrere Stunden engagieren, um die Anforderungen zu bewältigen.

Gleichzeitig bieten insbesondere Studium und Beruf häufig den Anlass, an seiner eigenen Selbstwirksamkeit zu zweifeln. Viele Arbeitnehmer, Selbstständige und Studierende haben das Gefühl, das erforderliche Pensum nicht bewältigen zu können, leiden unter dem Aufschieber-Syndrom, erledigen dringende Dinge stets auf den letzten Drücker und zweifeln an der Qualität ihrer Arbeit. Hinzukommt die ständige Erreichbarkeit für Vorgesetzte, Kollegen und Kunden. Eine Flut von e-mails, Papierkram und Anrufen, die täglich erledigt werden muss, überrollt den deutschen Durchschnittsbüroarbeiter an seinem Schreibtisch und bringt den am Morgen gefassten Tagesplan völlig durcheinander. Wer dies jeden Tag erlebt, fühlt sich nicht wie ein Akteur, sondern eher wie ein Opfer der Arbeitswelt. Auf Stress folgt Resignation, wenn das Arbeitsleben sich anfühlt, als würden ständig nur die heißesten Brände gelöscht und nie ein grundlegender Fortschritt erreicht. Kurz gesagt: Gerade Selbstwirksamkeit ist ein absolutes Fremdwort an vielen Arbeitsplätzen hierzulande.

Wie können Sie selbst diesem Missstand begegnen? In erster Linie mit dem Setzen von Prioritäten und einer befriedigenden Form des Zeitmanagements. Verstehen Sie das nicht falsch: Wenn im Folgenden auf verschiedene Modelle und Werkzeuge aus den Bereichen Selbstorganisation und Zeitmanagement hingewiesen wird, sollte Sie das nicht abschrecken. Wir betrachten diese Techniken als

Hilfsmittel zur Steigerung der Selbstwirksamkeit und damit der Resilienzfähigkeit. Das Ziel dieser Methoden ist nicht, Ihre Effizienz um der Arbeit willen zu steigern. Sie sollten sie nicht als Strategie dazu verstehen, sich täglich übermenschlich zu verausgaben. Stattdessen bieten Ihnen Zeitmanagement-Tools die Möglichkeit, Ihren Arbeitsalltag klarer zu strukturieren und mit effizienterer (und keinesfalls längerer) Arbeit Resultate zu erzielen, bei denen Sie sich gut fühlen. Von einem Zeitplan oder Prioritätslisten sollten Sie sich nicht versklavt fühlen, sondern die erwähnten Mittel dazu nutzen, wieder selbst die Kontrolle über Ihre täglichen Aufgaben zu erlangen. So, dass Sie das Gefühl haben, aktiv zu handeln, anstatt getrieben zu werden. Mit dieser Haltung können Sie auch ein Umfeld mit hohen Anforderungen selbst gestalten und sich selbstwirksam fühlen.

Prioritäten setzen: Eisenhower Matrix und Boston Matrix

Dieses Phänomen kennt beinahe jeder: Tag für Tag hetzt man durch einen gestressten Arbeitsablauf und blickt am Abend dennoch auf eine übervolle To-Do-Liste. Hier scheinen sich die Aufgaben während des Tages zu vermehren wie die sprichwörtlichen Kaninchen. Alles in einer durcharbeiteten Nacht zu erledigen, damit Sie ein für alle Mal Ruhe haben, ist zuweilen sicher eine verführerische Option – aber ein Täuschungsmanöver Ihres impulsiven Gehirns. Denn Sie können niemals alle Anforderungen erledigen, die sich in Ihrem Arbeitsumfeld sammeln ließen.

Um Klienten den Umgang mit der unerschöpflichen Aufgabenflut zu erleichtern, arbeiten viele Coaches mit der sogenannten **Eisenhower-Matrix**. Es gibt keinen Beleg dafür, dass der legendäre General Dwight D. Eisenhower jemals nach dem beschriebenen Prinzip gehandelt hat, doch zumindest prägt sich der Name nachhaltig ein und klingt nach einem guten „Schlachtplan".

Die Eisenhower-Matrix teilt jede Aufgabe einem von **vier Feldern** zu:

A: Wichtig und nicht dringend
B: Wichtig und dringend
C: Dringend und nicht wichtig
D. Nicht dringend und nicht wichtig

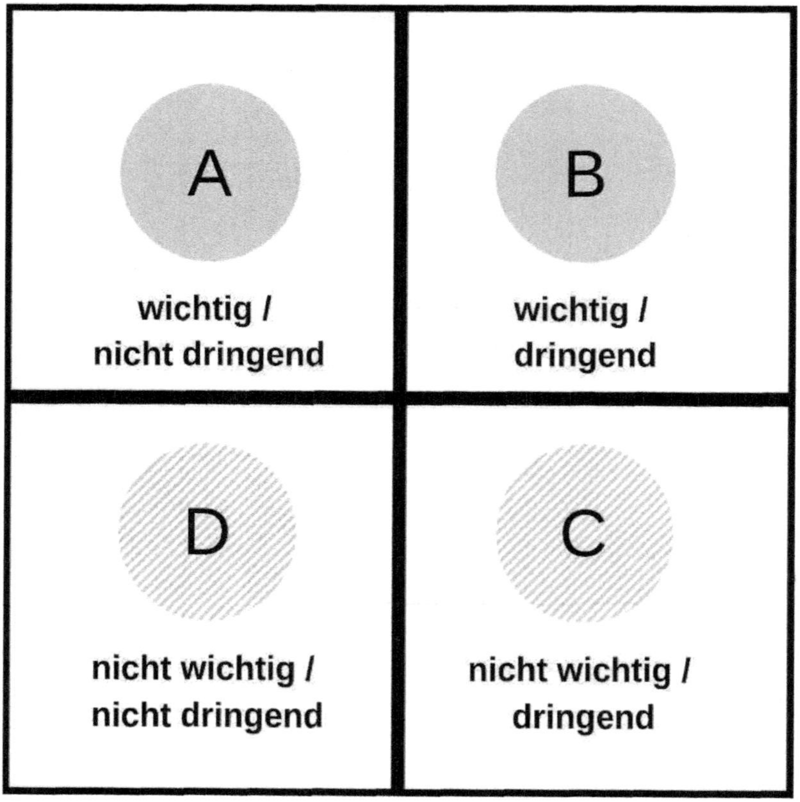

Was soll ich zuerst erledigen?

Einige Aufgaben Ihres täglichen Arbeitsplans entsprechen sicher der Kategorie B - Dringend und wichtig. Darunter fallen meist

Aktionen, die wenig Aufschub dulden und gute Perspektiven auf Erfolg haben. Etwa das schnelle Abarbeiten eines lukrativen Kundenauftrages oder eines Projektes, von dem anschließend entscheidenden Personen Kenntnis nehmen, um die Chance einer Beförderung zu vergrößern. Oder einfach jene Aufgaben, die eine Kündigung nach sich ziehen würden, wenn Sie sie nicht erledigen. Natürlich lässt sich die Kategorie „dringend und wichtig" genauso auf das Privatleben übertragen. Jeder Elternteil wird sofort unterschreiben, dass die Gesundheit eines Kindes in der Dringlichkeit und im Stellenwert jedes berufliche Engagement übertrifft.

Dringende und wichtige Aufgaben sind meist anspruchsvoll und erfordern hohe Konzentration. Aus diesem Grund macht es Sinn, sie auf den ersten Platz Ihrer täglichen To-Do-Liste zu setzen. Dieses Handeln entspricht dem Prinzip „Eat that frog" des Autors Brian Tracy. Wenn Sie den größten Frosch schon zu Beginn des Arbeitstages schlucken, erfahren Sie im Anschluss daran ein Plus an Selbstwirksamkeit, dass Ihnen andere Aufgaben erleichtert.

Zu Kategorie A – wichtig, aber nicht dringend – gehören unsere beruflichen Langzeitziele. Sie bestehen zum Beispiel in Weiterbildungen und Zusatzqualifikationen. Eventuell hegen Sie als Angestellter auch den latenten Traum, sich irgendwann selbstständig zu machen. Diese Ziele liegen in der Zukunft und haben den Nachteil, dass unser Gehirn sie nicht als dringend wahrnimmt, wenn sie nicht unmittelbar mit dem täglichen Broterwerb zu tun haben. Allerdings liegt in diesen Aufgaben das Potenzial Ihres Lebens verborgen. Denn, auf welcher Karrierestufe Sie schlussendlich landen oder welcher Arbeit Sie überhaupt nachgehen, bestimmen nicht die Pflichtaufgaben, sondern die Kür.

Um wichtigen und nicht dringenden Aufgaben genügend Raum zu geben, können Sie einen Trick nutzen: Nehme Sie sich täglich einige Minuten Zeit, noch bevor sie den „größten Frosch" Ihres Tagesablaufs angehen. Diese Zeit nutzen Sie konsequent, um an

Ihren Potenzial-Themen zu arbeiten. Die Recherche passender Fortbildungen oder der Plan, wie Sie Ihren Chef davon überzeugen, soll Sie nicht erschöpfen. Ganz nach dem Vorbild einer Mini-Gewohnheit sollten Sie Ihr Vorhaben nur konsequent verfolgen. Indem Sie Ihre Zukunftsprojekte noch vor Ihren wichtigen und dringenden Aufgaben bearbeiten, verhindern Sie, dass sie an anstrengenden Tagen einfach „hinten runterfallen". Schließen Sie ein Abkommen mit sich selbst, dass Ihnen erst erlaubt, Ihre dringenden Aufgaben zu beginnen, wenn Sie den Projekten der Kategorie A etwas Aufmerksamkeit geschenkt haben.

Kategorie C - Dringende aber nicht wichtige Aufgaben – nimmt uns in Anspruch, weil hier meist negative Konsequenzen drohen, wenn Sie sie vernachlässigen. Hierzu zählt Organisatorisches wie die Steuererklärung aber auch das Beantworten von e-mails, in denen es nicht direkt ums Geschäft geht. Da die betreffenden Aufgaben Ihnen nur wenig persönliche oder berufliche Vorteile bringen, definiert sie die Eisenhower-Matrix als „nicht wichtig". Derartige Pflichten stehlen Ihnen schnell die Zeit für die essenziellen Dinge. Welcher Selbstständige hat etwa nicht schon tagelang Belege für die Steuererklärung zusammengesucht und dabei einen großen Auftraggeber warten lassen oder zukunftsweisende Weiterbildungen vernachlässigt?

Beim Umgang mit dringenden und nicht wichtigen Aufgaben heißt deshalb das Zauberwort: Delegieren! Das bedeutet: Sie müssen im Idealfall ein einziges Mal Energie darauf verwenden, den passenden Dienstleister zu finden oder einen Verantwortlichen zu ernennen: Können Sie Geschäftsreisen ab jetzt immer von der Sekretärin des Unternehmens buchen lassen? Eventuell finden Sie einen Anbieter zur automatischen Rechnungserstellung? Haben Sie einen Steuerberater, der Ihnen einen Hauptteil der Arbeit für die Steuererklärung abnimmt? – Hier ist Kreativität gefragt.

Schließlich existiert noch ein Bereich der nicht dringenden und nicht wichtigen (D) Aufgaben. Im Berufsleben gehört dazu eventuell das Lesen von Memos, die nicht für Sie bestimmt sind. Oder Klatsch und Tratsch in der Kaffeepause. Im weiteren Sinne gehören auch Werbemails, der neue IKEA-Katalog, Celebrity-Nachrichten, pseudo-wissenschaftliche Meldungen auf Online-Portalen und das Herumtreiben in den sozialen Medien dazu. Diese Liste können Sie wahrscheinlich beliebig verlängern.

Wer ertappt wird, sich mit Sinnlosigkeiten zu beschäftigen wendet gern ein: „*Das waren doch nur wenige Minuten!*" – Aber wenige Minuten, die man mehrfach am Tag einsetzt, summieren sich letztlich zu erheblichen Zeitkontingenten. Das wirkt bei Mini-Gewohnheiten positiv, bei Zeitfressern auf lange Sicht dagegen schädlich.

Wie ordne ich meine Projekte den Kategorien zu?

Dringend ist ein Etikett, das schnell an ein berufliches Hamsterrad denken lässt. Deshalb sollten Sie sich beim Einordnen Ihrer Lebensbereiche in die Eisenhower-Matrix vornehmlich am Merkmal Wichtigkeit orientieren.

Das WICHTIGE zu erkennen fällt den meisten Menschen allerdings gar nicht so leicht. „*Wo will ich in 5 Jahren stehen? Was will ich vor meinem nächsten runden Geburtstag erreicht haben?*" – all diese Fragestellungen sollen aufdecken, was Menschen wirklich wollen und verfolgen sollten. Die Antwort darauf kommt jedoch selten spontan. Der Autor Stefan Merath lässt den Protagonisten im Buch „*Der Weg zum erfolgreichen Unternehmer*" deshalb eine Meditationsübung durchführen, in der er sich auf seinem Sterbebett vorstellt. „*Wenn das Lebensende naht - was* würde ich in diesem Moment *bereuen, nicht getan zu haben?*" – Dieses Szenario klärt tiefgehend, was einem Menschen wirklich wichtig ist. Und fasziniert so sehr, dass sich auch Wissenschaftler damit beschäftigen. Die Umfrageergebnisse ermahnen dazu, seinen Wünschen Taten folgen zu lassen. Denn Menschen bereuen statistisch gesehen wesentlich häufiger das Nicht-Getane als das Getane. Situationen, die nicht rückgängig zu machen sind, werden dabei eher bereut als solche, die potenziell rückgängig zu machen wären. Frauen bereuen im Nachhinein eher Liebes-Entscheidungen statt Entscheidungen bezüglich Ihrer Arbeitstätigkeit. Doch auch im Allgemeinen zeigen beide Geschlechter die Tendenz, eher ihre Untätigkeit in Sachen Liebe, Romantik und Familie anzuzweifeln als andere Lebensbereiche.[15]

Wichtig können aber auch tägliche Elemente der Entspannung und körperlichen Betätigung sein. Natürlich machen wir uns mit 25 wenig Gedanken darum, dass unsere körperlichen Kräfte irgendwann begrenzt werden. Genauso wenig realisieren wir, dass nahestehende Menschen nicht ewig an unserer Seite sein könnten. Wer bereits Erfahrungen mit Krankheit, Tod und Trennung gemacht hat, lernt, scheinbar alltäglichen Begebenheiten mehr Wichtigkeit zu verleihen. Was in Ihrem persönlichen Leben den Status „wichtig" erhält, ist daher eine individuelle und biografisch geprägte Entscheidung.

Tipps zum Eisenhower-Prinzip:

- Nehmen Sie sich jeden Morgen ein paar Minuten Zeit für wichtige, aber nicht dringende Themen
- Schlucken Sie dann „den größten Frosch zuerst" bei dringenden und wichtigen Aufgaben
- Delegieren Sie, wenn möglich, dringende, aber unwichtige Aufgaben

15 Morrison, M., & Roese, N. (2011). Regrets of the typical american: Findings from a nationally representative sample. Social Psychological and Personality Science, 2(6), 576-583.

Alte Hunde und fette Kühe – Prioritäten in Bildsprache

Wenn Ihnen die Eisenhower-Matrix zu steril erscheint, überzeugt Sie vielleicht ein Prioritäten-Modell, das mit kraftvollen Bildern arbeitet. Die sogenannte Boston-Matrix wurde in den 1970ern ursprünglich zur Unternehmensberatung entwickelt. Sie ordnet den verschiedenen Themen Tiere und Symbole zu, um ihren Nutzen und ihr Potenzial zu charakterisieren. Was unter dem Gesichtspunkt der Produktivität funktioniert, lässt sich auch auf alle Bereiche des Privatlebens beziehen. Hier ist der angestrebte Wert dann nicht monetär, sondern besteht in emotionalem Gewinn. Die Boston-Matrix ordnet Ihre Lebensthemen 4 verschiedenen Gebieten zu:

Abbildung 7 - die „Boston-Matrix“

Alte Hunde: Sie stehen für Aufgaben und Lebensbereiche, die zwar viel Aufmerksamkeit erfordern, jedoch keinen Nutzen mehr erfüllen. Alte Hunde sind zu blind und lahm, um einen Einbrecher zu stellen, brauchen kontinuierlich Nahrung und Medikamente. Wenn Sie ihre Bedürfnisse nicht erfüllen, knurren und beißen sie im schlimmsten Fall.
Als Hundehalter sollten Sie diese Gleichung natürlich nicht zu ernst nehmen – jeder sensible Mensch würde schließlich alles für sein alterndes Tier tun. Doch an dieser Stelle dienen die alternden Hunde lediglich als Repräsentant für Lebensfelder, die keinen finanziellen oder emotionalen Nutzen bringen, während sie bei Nichtbeachtung finanziellen oder emotionalen Schaden verursachen. Was Sie dieser Kategorie zuordnen – sei es eine berufliche Tätigkeit, ein Hobby oder ein Gegenstand – sollten Sie vielleicht in naher Zukunft begraben.

Milchkühe: Die fetten Kühe brauchen Futter und Zuwendung – dann geben sie verlässlich die gewünschte Milch. In dieser Kategorie sind Lebensbereiche versammelt, die mit einer gewissen Stabilität Ihre emotionale oder finanzielle Stabilität garantieren. Nicht umsonst natürlich, sondern durch viel Engagement und Investitionen Ihrerseits.

Sternschnuppen: Der Stern symbolisiert Lebensfelder, an die Sie momentan nur als Vision oder Zukunftsperspektive denken. Realistisch eingeschätzt, könnten sie Ihnen reichlich emotionalen oder finanziellen Nutzen einbringen, doch dafür müssen Sie vorab Ihre Kräfte investieren. Im Vergleich mit der die Eisenhower-Matrix sind Sternschnuppen den wichtigen, aber nicht dringenden Aufgaben (A) am nächsten. Die Sterne am Himmel erfordern nicht dieselbe Aufmerksamkeit wie die Kühe in Ihrem Stall. Sie nehmen keinen Schaden, wenn Sie einfach wegschauen und sich anderen Aufgaben verschreiben. Doch, wie man so schön sagt: Ihre Zukunft liegt in den Sternen.

Fragezeichen: Hier kann Potenzial stecken, muss es aber nicht. Fragezeichen stehen für sämtliche Ideen in Bezug auf Ihre Lebensbereiche, die Sie vielleicht reflexhaft als „zu bieder", „zu verrückt", „zu unkommerziell" oder ähnliches abtun würdest. Dennoch lassen Sie die betreffenden Ideen vielleicht nicht los. Die Kategorie Fragezeichen dienen Ihnen daher als freier Sammelpool, den Sie bei Gelegenheit immer wieder durchsehen und mit anderen Menschen diskutieren sollten. Mit leichten Abwandelungen oder einer geänderten Perspektive kann sich aus ihren Reihen vielleicht die nächste Sternschnuppe oder eine zukünftige Milchkuh herauskristallisieren.

Wie gehe ich mit Ablenkung um?

Unterbrechungen sind laut Stressreport die zweithäufigste Ursache für Belastung bei der Arbeit. Wer ständig abgelenkt wird, der verliert den Faden und nimmt ihn nicht so schnell wieder auf. Im Ergebnis haben Sie am Abend vielleicht das Gefühl, kaum etwas zustande gebracht zu haben. Damit sind Unterbrechungen auch ein Selbstwirksamkeits-Räuber. Doch im Arbeitsalltag kommen Sie allzu häufig vor.

Höchstwahrscheinlich kennen Sie auch dieses Phänomen: Eigentlich sollten Sie eine wichtige Aufgabe erledigen, die vielleicht sogar ein bisschen monoton ist. Eine große Menge Text zu Papier bringen, eine Tabelle erstellen, Datensätze in eine Datenbank eingeben ... die Arbeits- und Ausbildungswelt ist voller Aufgaben, die uns beim ersten Nachdenken als mühsam, langweilig und vielleicht sogar ein wenig sinnlos erscheinen.

Sie setzen sich vor Ihren Monitor und nehmen sich fest vor, jetzt zu beginnen. Doch – als ob eine höhere Macht Sie erhört hätte – klingelt Ihr Telefon. Ihre beste Freundin ist am anderen Ende der Leitung und fängt an, sich über ihre Beziehungsprobleme zu beklagen. Selbst wenn dies normalerweise nicht zu Ihren favorisierten Gesprächsthemen zählt, erwischen Sie sich dabei, wie Sie plötzlich kreative Lösungen anbieten und sich in der Aufgabe des Coaches fast ein wenig gefallen. Als das Gespräch vorbei ist mahnt Sie der Blick auf die Uhr, dass bereits eine Dreiviertelstunde verstrichen ist. Jetzt müssen Sie wohl wirklich anfangen. Doch just in diesem Moment erhalten Sie eine Benachrichtigung über den Eingang einer e-mail. Erstmal sehen, ob das eine wichtige Angelegenheit sein könnte. Während Sie die e-mail lesen, merken Sie, wie Ihr Magen knurrt. Stimmt. Mit dem guten Vorsatz, heute endlich Ihre wichtige Aufgabe zu erledigen, haben Sie ja das Frühstück ausfallen lassen ... Aber – da liegen ja noch diese leckeren Schokoriegel in Ihrer Schreibtischschublade. Doch nicht. Die hat wohl Ihr Kollege in einem Heißhungeranfall vernichtet. Sie nehmen sich vor, deshalb später noch Wiedergutmachung zu fordern. Aber jetzt? Jetzt könnten Sie in die Teeküche wandern, um zu sehen, was der Kühlschrank noch bereithält. Vielleicht ist noch Kuchen von der gestrigen Geburtstagsfeier übrig. Nach kurzer Überlegung erheben Sie sich vom Schreibtischstuhl. Als Sie stehen, erscheint eine neue e-mail in Ihrem Account. In dieser fragt jetzt ihr Chef nach dem Fortgang der Aufgabe, die Sie in den vergangenen Stunden eigentlich hätten bearbeiten sollen.

Alarmiert vom schlechten Gewissen, fragen Sie sich, was eigentlich schiefgelaufen ist. Die Antwort hält wie so oft die Wissenschaft bereit:

Wenn wir uns ablenken lassen, folgen wir in gewisser Hinsicht unseren instinktiven Impulsen. Wie bereits Kinder diese kontrollieren können, zeigte Prof. Walter Mischel in den 1960er Jahren mit seinem berühmten „Clown-Box-Experiment". In der Versuchsanordnung bekam ein Vorschulkind eine Aufgabe, in der es darum ging, Felder eines Formulars anzukreuzen. Der Versuchsleiter erklärte dem Kind die Tätigkeit und stellte in Aussicht, dass sie etwa 15 Minuten in Anspruch nehmen werde. Er selbst würde solange den Raum verlassen und anschließend kontrollieren, ob das Kind alles erledigt hätte. Kaum hatte der Versuchsleiter den Raum jedoch verlassen, versuchte ein bislang unbemerkter Teilnehmer, die Szenerie im Versuchslabor zu übernehmen: die Clownbox. Dabei handelte es sich um eine bunt bemalte Kiste mit Clownsgesicht, in der sich attraktive Spielzeuge und bunte Lichter befanden. Über einen Lautsprecher konnte ein Akteur außerhalb des Versuchszimmers der Clownbox ihre Stimme verleihen. *„Los komm! Spiel mit mir!"*, forderte die Clownbox die Kinder auf, kurz nachdem sie mit ihrer Aufgabe allein gelassen wurden. Doch damit nicht genug. Sie ließ ihren Deckel aufspringen, blinkte mit den Lichtern und präsentierte die verführerischen Spielzeuge.

Prof. Mischel und seine Forscherkollegen machten die Beobachtung, dass sich bereits Vorschulkinder stark darin unterscheiden, ob sie sich ablenken lassen oder nicht. Manche riefen die Clownbox zur Raison: *„Sei still! Ich muss hier arbeiten!“* Andere aber gaben ihre Tätigkeit auf, um mit dem Clown zu spielen. Wieder andere erschienen sichtlich hin- und hergerissen zwischen den beiden Alternativen.

Im Prinzip ändert sich an dieser Versuchskonstellation auch in unserer Erwachsenenwelt kaum etwas. Zuweilen sitzen wir an drögen Aufgaben, während die Außenwelt uns mannigfaltige Spielangebote macht – in sozialer wie in konsumgesteuerter Weise. Da sind Menschen, die gern mit uns kommunizieren wollen. Da ist WhatsApp, Facebook, Instagram ... blinkende Pop-ups, die uns über die neue Folge unserer Lieblingsserie, die neue Lippenstiftfarbe, Modekollektion oder die neue Methode zur Selbstoptimierung informieren. Zuweilen ruft sogar die nicht ausgeräumte Spülmaschine und die ungewaschene Wäsche *„Spiel mit mir!“* oder besser *„Erledige mich und verschaff dir ein leicht erreichbares Erfolgserlebnis!“*

Und nun? Was wäre, wenn wir schon als Kinder zu denen gehört hätten, die sich gern von einer Clownbox bei der Arbeit hätten ablenken lassen? Bedeutet das, sein Leben lang den Reizen der Außenwelt hilflos ausgeliefert zu sein? Nein. Denn bereits bei den Kindern im Versuch von Professor Mischel erwies sich eine Strategie als besonders hilfreich: das Planen. Kinder, die vorab über die Möglichkeit aufgeklärt wurden, dass die Clownbox sie stören könnte, schmiedeten gemeinsam mit dem Versuchsleiter einen Plan: Wenn der Clown stört, drehe ich mich weg und konzentriere mich auf meine Arbeit. So simpel dieser Tipp klingt – für die Mehrheit der Kinder funktionierte er prächtig. Und daher können wir uns ähnlichen Strategien bedienen, wenn wir in der turbulenten Berufswelt agieren. Geplante und konzentrierte Arbeitsphasen sind der beste Schutz dagegen, dass multiple Störfaktoren an unserer Selbstwirksamkeit nagen.

„Deep Work" für mehr Selbstwirksamkeit

Planvoll zu arbeiten heißt konzentriert zu arbeiten. Doch was in akademischen Umfeldern der 1980er Jahr völlig normal war, entwickelt sich in der voll digitalisierten und globalisierten Welt zur exotischen Verhaltensweise. Während viele Anekdoten existieren, wie sich Forscher und Schriftsteller des letzten Jahrhunderts sozial völlig isolierten, um fruchtbringend ihren Projekten nachzugehen, sollen Arbeitnehmer heutzutage jederzeit für Vorgesetzte und Kunden erreichbar sein. Doch Wissenschaftler haben längst bewiesen, dass diese Konvention den Arbeitsergebnissen schadet. Wer eine Aufgabe abbricht, um sich spontan einem anderen Sachverhalt zu widmen, bringt anschließend schlechtere Resultate, weil er innerlich abgelenkt ist.[16] Dieses Phänomen, den sogenannten Aufmerksamkeitsrückstand, demonstrierte man an Studenten, die bei einer Matheaufgabe unterbrochen wurden, um sich verbalen Tests zu unterziehen. Dabei brachten die Probanden, die die Rechenaufgabe noch nicht komplettiert hatten, deutlich schlechtere Resultate als jene, die sie schon gelöst hatten. Problematisch war vor allem, dass die Teilnehmer immer wieder gedanklich zur vorhergehenden Aufgabe abschweiften, worunter ihre Konzentration litt.

Effizient und damit zufrieden können nur diejenigen sein, die sich im Arbeitsalltag Inseln der konzentrierten Arbeit ohne Ablenkung schaffen. Wie sehr dies aus der Mode gekommen ist, zeigt, dass die einfache Empfehlung, fokussiert zu arbeiten, heutzutage sogar Stoff für einen Bestseller bietet. Das Buch „Deep Work" von Cal Newport widmet sich auf 300 Seiten einer Technik, die man in wenigen Worten beschreiben kann: Handy abschalten, E-Mail-Browser schließen, Bürotür schließen und sich in die Materie vertiefen. Doch ganz so einfach gestaltet sich „Deep Work" in der heutigen

16 Masicampo EJ, Baumeister RF. Consider it done! Plan making can eliminate the cognitive effects of unfulfilled goals. J Pers Soc Psychol. 2011 Oct;101(4):667-83. doi: 10.1037/a0024192. PubMed PMID: 21688924

Zeit eben doch nicht. Bevor Sie wirklich in den Genuss kommen, ungestört zu arbeiten, müssen Sie sich dieses Recht gegenüber kritischen Vorgesetzten und distanzlosen Kollegen höchstwahrscheinlich hart erkämpfen. Doch ein wenig Durchsetzungswille zahlt sich anschließend in Ihrem gesteigerten Gefühl von Selbstwirksamkeit aus.

Mehr Konzentration durch Tomaten – die Pomodoro-Technik

Wenn sich in den kommenden Stunden niemand Ihrem Schreibtisch nähert, brauchen Sie schließlich nur Ihren eigenen Hang zu abschweifenden Gedanken und zum minütlichen Checken der Mails in den Grill zu bekommen. Für Anfänger bietet sich hier die sogenannte „Pomodoro-Technik“ an. Sie ist benannt nach einem mechanischen Küchenwecker zum Aufziehen, der sich im Design gern an Gemüse oder Obst orientiert. Dieses Hilfsmittel empfängt keine WhatsApp-Mitteilungen und keine e-mails, kann Ihnen die Zeiteinheit von 30, 45 oder 60 Minuten jedoch sauber abmessen.

Die Empfehlung des Pomodoro-Technik-Erfinders Francesco Cirillo lautet daher: Schalten Sie alle Störfaktoren aus und stellen Sie einen mechanischen Wecker auf 30 Minuten. Diese Zeit gestalten Sie für sich als konzentrierte Arbeitsphase ohne jegliche Unterbrechung. Wenn die Küchenuhr klingelt, gönnen Sie sich 5 Minuten Pause, um eventuell doch die digitalen Mitteilungen zu checken oder sich einen Kaffee zu holen. Oder einfach einige Schritte durch Ihr Büro zu gehen, Ihren Atem bewusst zu spüren und Ihre Glieder zu dehnen. Danach starten Sie mithilfe des Weckers eine weitere Konzentrationsphase gefolgt von einer weiteren Pause.

Wie lange Sie die Konzentration aufrechterhalten und wie viele Arbeit-Pausen-Intervalle Sie in Ihren Arbeitstag einbauen, hängt von den individuellen Gegebenheiten ab. Die eigentliche Wirksamkeit der Pomodoro-Technik liegt nämlich nicht in der veranschlagten Zeitspanne, sondern in der gesteigerten Konzentration durch planbare Pausen. Wissenschaftler um den Psychologen Roy Baumeister konnten im oben beschriebenen Experiment nachweisen, dass Pläne den Ablenkungseffekt von unerledigten Aufgaben messbar vermindern. Die Studenten, die vor der Lösung von der Matheaufgabe losgerissen wurden, schnitten in den folgenden

Tests nur dann nicht schlechter ab, wenn sie einen Plan fassten. Dieser musste lediglich bestimmen, wann sie sich wieder mit der Matheaufgabe auseinandersetzen würden.[17]

Das heißt: Wenn Sie jede Minute auf eine wichtige E-Mail warten, schadet diese gedankliche Schwebephase Ihrer Arbeitsleistung, bis die Mail eintrifft. Schließen Sie jedoch ein Abkommen mit sich selbst, das Ihnen erst nach einer definierten Zeitspanne erlaubt, Ihre Mails das nächste Mal kontrollieren, registriert Ihr Unterbewusstsein dies. Es lässt Sie in Ruhe arbeiten, weil ihm versichert wurde, dass die Angelegenheit lediglich 45 oder 60 Minuten in die Zukunft verschoben wird.

---

17 Masicampo EJ, Baumeister RF. Consider it done! Plan making can eliminate the cognitive effects of unfulfilled goals. J Pers Soc Psychol. 2011 Oct;101(4):667-83. doi: 10.1037/a0024192. PubMed PMID: 21688924

Niemand ist perfekt: Das Pareto

Laut einer bekannten Anekdote schaute der italienis[illegible] Vilfredo Pareto (1848-1923) eines Morgens in seinen Garten und erkannte, dass ganze 80 Prozent seiner Erbsen-Ernte von nur 20 Prozent seiner Pflanzen erbracht wurden. Belegt ist, dass Pareto sich vor allem mit den Besitzverhältnissen in seinem Heimatland beschäftigte und bemerkte, dass damals 80 Prozent der Fläche im Besitz von nur 20 Prozent der Bevölkerung waren.

Aus Paretos Erkenntnissen formulieren Coaches und Berater heute die Regel: *Ein Großteil des Erfolges basiert auf einem geringen Teil des Einsatzes.*

Wenn Ihnen diese Devise begegnet, reagieren Sie wahrscheinlich zunächst ungläubig bis empört: *„Na hören Sie mal, ich arbeite volle 60 Stunden pro Woche für meinen Erfolg!“*

In diesem Fall sollten Sie sich Ihren Zeitplan einmal genauer ansehen:
Beruhen Ihre entscheidenden beruflichen Erfolge tatsächlich auf der Arbeit von 60 Wochenstunden? Oder vollbringen Sie das, was Sie tatsächlich weiterbringt, Ihre Vorgesetzten und Ihre Kunden zufriedenstellt nicht eigentlich in einem viel begrenzteren Teil Ihrer Zeit?

Was also passiert in den anderen 80 Prozent der Wochenarbeitszeit? Erschreckenderweise vergehen sie häufig mit Nebensächlichkeiten. Kommunikation ist beispielsweise einer der größten Zeitfresser. Wie viele Meetings werden in Ihrem Unternehmen monatlich abgehalten, die den Beteiligten eigentlich nur ihre Zeit stehlen? Wie viel Zeit nimmt das Lesen und Beantworten von e-mails in Anspruch? Wie häufig glauben Sie, in einer Art Leerlauf festzustecken, weil Sie auf die Arbeitsresultate von anderen warten, um Ihren Teil des Projektes erwartungsgemäß abzuschließen?

Wenn Sie sich diese Frage ehrlich beantworten, sollten Sie Ihre Sensibilität für die 20 Prozent Ihrer hochproduktiven Phasen erhöhen. Vielleicht lassen sich diese ja auf 30 Prozent Ihrer Gesamtzeit ausdehnen? Dabei helfen die folgenden Fragen:

- Zu welcher Tageszeit fällt es mir am leichtesten, konzentriert und produktiv zu arbeiten?
- Welche Nahrungsmittel und Getränke unterstützen mich dabei?
- Nach welcher Zeitspanne schweife ich bei der Arbeit ab und werden unkonzentriert?
- Hilft mir dann eine kleine Pause, um mich wieder zu fokussieren?
- Nach welcher Zeitspanne helfen auch Pausen nicht mehr, um auf das vorherige Konzentrationsniveau zu kommen?
- Welche Störungen sind für Sie besonders ärgerlich und schaden Ihrer Leistung?
- Wenn Sie Ihr ideales Arbeitsumfeld schaffen könnten – wie würde es aussehen?

Diese Fragen sollen Ihnen helfen, die 20 produktivsten Prozent Ihrer Zeit auszumachen und optimal ausnutzen zu können. Darüber hinaus warnt das Pareto-Prinzip jedoch auch davor, falschen Perfektionismus das Ruder übernehmen zu lassen. Denn: Wenn Sie 80 Prozent Ihrer Resultate in 20 Prozent Ihrer Zeit erreichen – wie lange braucht es wohl, um die „fehlenden" 20 Prozent zur 100-prozentigen Leistung nachzuliefern?

Zu lange. Zumindest im Maßstab der Wirtschaftlichkeit und Vernunft. Denn selbst ist man eigentlich nie mit seiner Arbeit zufrieden. Autoren arbeiten häufig jahrelang an einem Buch, einige Extremfälle basteln über Dekaden an ihrer Doktorarbeit – doch Sie sollten versuchen, im täglichen Arbeiten eine vernünftige 80-prozentige Leistung zu erkennen und sie erstmal auf die Straße schicken. Konkret kann dies bedeuten, bereits Kunden oder Vorgesetzte miteinzubeziehen, oder erst einmal Kollegen und Familienmitglieder als Vor-Jury zu benennen. Nur so erfahren Sie, wie andere Ihre Leistung bewerten. Häufig besser als Sie selbst. In vielen Fällen finden Sie rasch Käufer für eine Leistung, die Sie sich selbst unter keinen Umständen abkaufen würden. Doch auch konstruktive Kritik kann Ihnen wertvolle Hinweise geben, an welcher Stelle Ihres Projektes sich der Einsatz weiterer produktiver Arbeitsphasen tatsächlich auszahlen würde. Weniger ist in diesem Fall oft mehr.

Kampf der Aufschieberitis – wie gehe ich um mit Prokrastination?

Das Aufschieben von Arbeit – Wissenschaftler nutzen hier den Begriff *Prokrastination* – ist einer der größten Selbstwirksamkeits-Räuber. Wer gewohnheitsmäßig aufschiebt, wiederholt in den meisten Fällen ein altbekanntes Muster: Im ersten Moment nach dem Übernehmen einer neuen Aufgabe scheint mehr als ausreichend Zeit für das Erledigen vorhanden zu sein. Deshalb, und aus vielen anderen Gründen, verschiebt man den Beginn auf den folgenden Tag. Und den übernächsten. Und den darauffolgenden. Je näher die vereinbarte Deadline jedoch rückt, desto mehr verschieben sich die Gefühle gegenüber der Anforderung ins Negative. Stress setzt ein, weil die Zeit langsam knapp wird. Hinzu kommen Ängste, dass das Resultat nicht den Erwartungen entsprechen wird. Schließlich wähnen Sie sich in der Falle, weil ein rechtzeitiges Erfüllen der Aufgabe in der geforderten Qualität physikalisch unmöglich erscheint. In diesen Momenten müssen Prokrastinierer ihrem Vorgesetzten, Kunden oder Kollegen mit einem merklich demolierten Selbstwertgefühl gegenübertreten und um Fristverlängerung bitten. Doch selbst wenn diese gewährt wird, hindert die negative Einstellung zur Aufgabe daran, sie motiviert zu verfolgen und mit Bravour zu bestehen.

Prokrastination schadet – doch trotzdem fällt ihr die Mehrheit der Arbeitenden zum Opfer. Wissenschaftler gehen davon aus, dass der Anteil von gewohnheitsmäßigen Aufschiebern unter Studenten über 60 Prozent beträgt.[18] Dabei lassen sich die meisten einem von zwei Subtypen zuordnen: den Perfektionisten oder den Druck-Arbeitern. Wie unnötig übertriebener Perfektionismus ist, wurde bereits im vorangehenden Kapitel zum Pareto-Prinzip angesprochen. Die Meinung, unter Zeitdruck ganz besonders gut

18 Gerhát R, Balázs K, Szemán-Nagy A. [„Better late than never". Studying procrastination among students]. Psychiatr Hung. 2017;32(2):158-167. Hungarian. PubMed PMID: 28686163

arbeiten zu können, erweist sich ebenfalls als eine rein subjektive Empfindung: Im Experiment stellten Forscher fest, dass chronische Aufschieber unter Zeitdruck langsamer und fehlerhafter arbeiteten als Menschen ohne den Hang zur Prokrastination.[19] Daher lohnt es sich in jedem Fall, frühzeitig Maßnahmen gegen das Aufschieben zu treffen.

Die bevorzugte Strategie, die bereits in der Prokrastinationsambulanz der Universität Münster ihre Wirksamkeit bewies, lautet: Arbeitszeitrestriktion. Dass bedeutet simpel: Reduzieren Sie die Arbeitszeit für das aufgeschobene Projekt so weit, dass Ihre Hemmschwelle verschwindet. Falls Sie aktuell eine Aufgabe auf der Liste haben, vor der Sie sich schon geraume Zeit drücken, sollten Sie einfach in sich hineinhören. Tönt dort eine Stimme, die mahnt: *„Um dieses Projekt auf den richtigen Weg zu bringen, sind bestimmt 5 volle Tage Arbeit nötig!“* – das klingt bedrohlich. Schwelt in Ihnen aber auch die Vermutung, dass Sie dem fraglichen Projekt heute keine einzige Minute schenken werden? Das wird die Situation kaum entschärfen. Wie wäre es stattdessen, der Aufgabe einfach eine Stunde zu widmen? *„Lächerlich!“* – lautet die Reaktion der meisten Aufschieber bei diesem Angebot. Schließlich schätzen sie den benötigten Aufwand auf ein Vielfaches ein. Doch eine Stunde ist mehr als nichts und gleichzeitig so lächerlich wenig, dass Sie sich leicht überwinden können. Je nach individueller Situation können Sie natürlich auch Einheiten von 15 Minuten bis hin zu mehreren Stunden festlegen. Die Zeitspanne muss nur ein Kriterium erfüllen: HEUTE muss es machbar sein.

Wenn Sie beginnen und bereits wissen, wann der Schlussgong schlägt, werden Sie automatisch versuchen, möglichst viel

---

19 Joseph R. Ferrari, Procrastination as self-regulation failure of performance: effects of cognitive load, self-awareness, and time limits on ‘working best under pressure’, European Journal of Personality, 2001

Struktur und Sinn in die erste Arbeitseinheit zu bringen. Es geht ja schließlich nicht darum, dass Sie die Nacht durcharbeiten. Die Euphorie, zu erleben, wie die lange währende Hemmschwelle endlich überwunden ist, bewegt sogar viele dazu, die geplante Zeiteinheit ausdehnen zu wollen. Doch hier liegt gerade das Prinzip der Arbeitszeitrestriktion: Halten Sie die Arbeitszeit knapp und verbieten Sie sich das Verlängern. Wenn Sie es sich zeitlich noch erlauben können, folgen Sie diesem Programm für eine ganze Woche. Sie werden merken, wie Sie auch innerhalb der begrenzten Zeiteinheiten wieder das Gefühl von Kontrolle über die anstehende Aufgabe erlangen. Wenn das passiert, dehnen Sie die Arbeitszeiten maßvoll aus und verfolgen Ihr Ziel weiterhin mit Konsequenz. Immer wenn Sie merken, dass Sie verplante Arbeitszeit tatenlos verstreichen lassen oder sich anderweitig ablenken, reduzieren Sie das Maß wieder etwas. Lassen Sie sich nicht verführen, einen Tag auszusetzen, weil Sie bereits so viel geschafft haben. Bleiben Sie am Ball!

Warum Motivation manchmal nicht hilft

Emotionale Motivation durch die erhebende Aussicht, in Zukunft etwas erreicht zu haben, genügt oft nicht, um uns über Anstrengungen und Durststrecken in der Arbeit hinwegzutrösten. Diese Motivation ist meist zu Beginn einer Unternehmung am stärksten. Dann äußert sie sich in Euphorie und großen Plänen. Wenn jedoch der Alltag einsetzt und kleinteilige Aufgaben bewerkstelligt werden sollen, lässt der Reiz nach. Der Grund: Das, was wir als Motivation bezeichnen, ist ein Gefühl. Unsere Gefühle neigen jedoch nicht zur Stetigkeit, sondern lassen sich von allen möglichen äußeren Einflüssen trüben und ins Gegenteil verkehren. Wenn es schwierig wird, brauchen wir für produktives Arbeiten daher eher Disziplin als emotionale Motivation. Und Disziplin ist ein Gebiet der rationalen Entscheidungen, nicht der gefühlsmäßigen.

Warum will ich eine Aufgabe nicht angehen?

Latentes Verschieben bedeutet nichts anderes, als dass Sie aktuell nicht die Disziplin aufbringen, die fragliche Aufgabe anzugehen. Doch was ist der Grund dafür. Etwa Faulheit? Stephen Guise schafft in seinem Buch „Mini Habits“ eine einfache Definition: Wir gehen eine Aufgabe nicht an, wenn der innere Widerstand größer ist als unsere Disziplin.

$$P = W > D$$

Prokrastination Widerstand Disziplin

Was diese Widerstände in den meisten Fällen auszeichnet, war längst Thema wissenschaftlicher Untersuchungen. Dabei definierten Psychologen die 5 folgenden Hauptgründe, warum wir manchmal nicht das tun, was wir sollten:

1) Anstrengung
2) Wahrgenommener Schwierigkeitsgrad
3) Negative Emotionen
4) Subjektive Erschöpfung
5) Niedriger Blutzuckerspiegel

Nummer 5 birgt eine echte Überraschung. Probieren Sie es einmal aus: Wenn Sie vor einer Aufgabe sitzen und im Begriff sind, sie zu verschieben, gönnen Sie sich zuerst einen kleinen Snack. Frisches Obst hebt beispielsweise schnell den Blutzuckerspiegel. Wenn Sie keiner kohlenhydratarmen Diät folgen und es für Sie eine echte Belohnung darstellt, darf es auch etwas Zuckerhaltiges sein. Trinken Sie gleichzeitig etwas und warten Sie 10 Minuten. Fühlen Sie sich der Aufgabe jetzt eher gewachsen? Wenn ja: Fangen Sie einfach an!

Ursachen 1 und 2, ein zu hoher Schwierigkeitsgrad oder eine befürchtete Anstrengung, lassen sich in den Griff bekommen, wenn Sie die Aufgabe in leicht zu bewältigende Häppchen einteilen und sich fachkompetente Unterstützung organisieren. Diese Schritte sind der eigentlichen Arbeit vorgelagert und kosten etwas zusätzliche Zeit. Investieren Sie diese unbedingt! Denn nur wenn Sie das Gefühl haben, das Geforderte irgendwie bewältigen zu können, verfallen Sie nicht ins Prokrastinieren.

Ursache 3 ist wohl der hartnäckigste Grund für das Aufschieben. Denn negative Emotionen können aus den Tiefen der Persönlichkeit gespeist werden. Viele Menschen schieben Arbeit auf, weil sie Angst vor dem Versagen haben, sich selbst als minderwertig betrachten oder sogar Angst vor dem Erfolg und den nachfolgenden Ansprüchen haben. Falls Sie ähnliches bei sich selbst vermuten, lesen Sie dazu den Abschnitt „*Fehlt mir der Glaube an mich selbst?*".

Phasen von Entspannung und Aktivität definieren – auch ein Faktor der Selbstwirksamkeit

Die „Work-Life-Balance“ ist ein strapaziertes Schlagwort in der Diskussion um Arbeitsbedingungen, doch sie bezeichnet auch ein wichtiges Element der Selbstwirksamkeit. Aus zwei Gründen: Viele Untersuchungen konnten bereits nachweisen, dass allein Pausen und Abstand zur Arbeit die Produktivität steigern. Sport nach Feierabend und eine verlängerte Schlafperiode führen erwiesenermaßen dazu, dass Arbeitnehmern am Folgetag mehr persönliche Ressourcen für ihre Tätigkeit zur Verfügung stehen.[20] Ein Verzicht auf Schlaf hingegen schädigt die Leistungsfähigkeit noch Tage später.[21] Weitere Experimente zeigen, dass Probanden bessere Entscheidungen treffen, wenn sie sich eine Zeit lang nicht bewusst mit der Thematik beschäftigen. Diese Erkenntnisse untermauern im Grunde nur das Wissen eines gesunden Menschenverstands: Wir bringen mehr Leistung, wenn wir zwischendurch genügend Abstand und Ruhe genießen. Und bessere Leistungen bescheren eher das Gefühl von Selbstwirksamkeit als lange Arbeitsphasen, die lückenhafte Resultate liefern.

Doch Selbstwirksamkeit erfahren Sie auch dann, wenn Sie Ihre persönlichen Bedürfnisse nach Entspannung und Distanz respektieren. Dann glänzen Sie auf dem Gebiet der Selbstfürsorge. Wer dagegen nicht in der Lage ist, seine Grenzen zu erkennen und sich Entspannungsphasen zu verschaffen, entwickelt kaum Vertrauen in die eigene Fähigkeit zur Lebensführung.

Was die Phasen der Entspannung füllen kann, liegt dabei ganz an Ihnen. Wie die Stressstudie der Techniker Krankenkasse verrät,

20 Nägel IJ, Sonnentag S. Exercise and sleep predict personal resources in employees‘ daily lives. Appl Psychol Health Well Being. 2013 Nov;5(3):348-68. doi: 10.1111/aphw.12014. Epub 2013 Oct 8. PubMed PMID: 24395817

21 Robert Stickgold, LaTanya James & J. Allan Hobson, Visual discrimination learning requires sleep after training, Nature Neuroscience 3, 1237–1238 (2000)

steht bei den Deutschen eine aktive Freizeitgestaltung dabei an erster Stelle. 77 Prozent der Männer und 65 Prozent der Frauen nutzen Freizeit bevorzugt zum Verfolgen eines Hobbys. Während Unternehmungen mit Freunden und Musik bei Männern besonders hoch im Kurs stehen, widmen sich Frauen gern Aktivitäten in der Natur und dem Lesen. Lassen Sie sich inspirieren und achten Sie auf Ihre inneren Bedürfnisse.

Bello in der Krise – Was passiert mit uns, wenn Selbstwirksamkeit fehlt?

Wer das Gefühl hat, seine Umwelt nicht beeinflussen zu können, wie stark er es auch versucht, endet in Resignation und Depression. Das diese Gleichung grundlegend in einem Organismus angelegt ist, bewies der Psychologe Martin Seligman in den 1960er Jahren.[22] Er führte Experimente mit Hunden durch, die fixiert wurden, während sie über den Boden ihres Käfigs einen unangenehmen Stromschlag von 6 Milliampere erhielten. Die Kontrollgruppe der Versuchstiere wurde hingegen nicht angebunden und konnte dem Stromimpuls durch den Sprung über eine Hürde ausweichen. In der Vorbereitung zum Experiment erlitten beide Gruppen über die Dauer eines Tages 64 unangekündigte Stromschläge. Die Tiere der Kontrollgruppe konnten ihnen durch den Sprung über die Hürde entkommen, sodass sie lernten, den schmerzhaften Reiz eigenmächtig abzubrechen. Die Gruppe der fixierten Tiere musste dieselbe Anzahl an Stromschlägen über sich ergehen lassen, ohne dass sie etwas dagegen unternehmen konnten.

Hat dieser Mangel an Selbstwirksamkeit Konsequenzen für das Handeln in der Zukunft? Dies wollte Seligmans Team am Folgetag bestimmen, indem die ehemals fixierten Tiere losgebunden wurden und nun ebenfalls durch den Sprung über die Hürde dem Stromimpuls entgehen konnten. Tiere, die diese Möglichkeit bereits am Vortag kennengelernt hatten, nahmen sie auch wahr. 100 Prozent der Kontrollgruppen-Tiere sprangen in die Freiheit, sobald der Boden unter ihren Füßen Strom führte. Was aber unternahmen die Tiere, die am Vortag erleben mussten, dass es bei Stromschlägen kein Entkommen gibt? Erschreckenderweise blieben 75 Prozent von ihnen auf dem elektrifizierten Boden sitzen, obwohl sie diesmal

22 Seligman ME, Maier SF, Geer JH. Alleviation of learned helplessness in the dog. J Abnorm Psychol. 1968 Jun;73(3):256-62. PubMed PMID: 5658526

nicht fixiert waren und dem Schmerz mit einem Satz über die Hürde leicht hätten entkommen können.

Seligman taufte dieses Verhalten „erlernte Hilflosigkeit" und bot es der psychologischen Fachwelt als Muster zur Entstehung von Depressionen an. Heutzutage, wo den Neurowissenschaften größere Einblicke in die Strukturen des Gehirns zur Verfügung stehen, weiß man, dass es sich bei der Passivität der Hunde nicht um einen Lernprozess im eigentlichen Sinn handelt.[23] Während Prozesse in unseren höher entwickelten Gehirnregionen, dem Cortex, dafür verantwortlich sind, dass wir lernen, welchen Effekt unsere Taten auf unsere Umwelt haben, finden die Prozesse bei wiederholt erlebten Negativeinflüssen in den archaischen Hirnregionen statt. Die sogenannten Raphe-Kerne im Stammhirn sorgen dafür, dass Mensch und Tier irgendwann aufhören, sich gegen scheinbar unvermeidliche Negativeinflüsse zu wehren. Evolutionsbiologisch hat auch dieser Stopp-Schalter einen Sinn – schließlich sollte sich ein Individuum beim vergeblichen Fluchtversuch nicht derart verausgaben, dass es an Erschöpfung stirbt, wenn doch der eigentliche Schmerzreiz von 6 Milliampere nicht im Entferntesten tödlich ist.

Die unterschiedlichen Individuen unterscheiden sich jedoch stark darin, wie früh die Resignation einsetzt – immerhin sprangen 25 Prozent der Hunde, die am Vortag 64 Stromschläge als ausweglos erlebten, beim 65. Stromschlag dennoch über die Hürde und entkamen. Ähnliche Experimente führten Forscher im Laufe der Jahre mit Katzen, Fischen, Mäusen, Küchenschaben und sogar Fruchtfliegen durch und erlangten stets dasselbe Ergebnis: Wenn das Individuum eine gewisse Anzahl von fehlgeschlagenen Fluchtversuchen erlebte, gab es am Ende auf, auch wenn der Fluchtweg später frei war. Das fehlende Erleben von Selbstwirksamkeit scheint das Gehirn also in einen archaischen Freeze-Modus zu versetzen, der uns

23 Maier SF, Seligman ME. Learned helplessness at fifty: Insights fromneuroscience. Psychol Rev. 2016 Jul;123(4):349-67. doi: 10.1037/rev0000033. Review. PubMed PMID: 27337390

den Blick für neue Möglichkeiten verstellt. Interessanterweise lassen sich sämtliche Spezies durch die Gabe von Antidepressiva dazu bewegen, ihre Resignation zu verlassen und erneut einen Ausweg zu suchen.[24]

Wie sieht es bei Menschen aus? Lassen sich diese Versuche auf uns, die wir unsere Umwelt komplexer wahrnehmen können, übertragen? Durchaus, konstatiere der Psychologe Donald Hiroto, nachdem er im Jahre 1975 einen Versuch mit 96 Studenten unternahm.[25] Er setzte zwei Gruppen einem unangenehmen Ton auf einer 3000 Hertz-Frequenz aus. Die Personen sahen vor sich einen Knopf und erhielten die Information, dass ein bestimmtes Betätigungs-Muster den Ton abschalten könnte. De facto konnte jedoch nur die Kontrollgruppe den nervigen Summton stoppen, die andere Gruppe glich den angebundenen Hunden in Seligmans Experiment und musste den Ton erdulden. In einem zweiten Durchgang war den Summton für alle Studenten tatsächlich durch ein viermaliges Drücken auf den Knopf abstellbar. Nachdem sie es im ersten Durchgang als schaffbar erlebt hatten, versuchten 89 Prozent der Studenten aus der Kontrollgruppe ihr Glück und stellten den Ton ab. Von den Studenten, die beim Abschalt-Versuch vorher nichts hatten erwirken können, versuchten im zweiten Durchgang 50 Prozent der Teilnehmer gar nicht mehr, den Ton zu stoppen. Zwar präsentiert das eine niedrigere Quote als im Hunde-Experiment, jedoch ist sie trotzdem erschreckend hoch. Gleichzeitig konnte Hiroto das Konzept der erlernten Hilflosigkeit auch beim Lösen kognitiver Aufgaben nachweisen. Studenten, die an einer bestimmten Anzahl unlösbarer Aufgaben verzweifelt waren, versuchten nach gewisser Zeit gar nicht mehr die weiteren Aufgaben zu bewältigen, selbst wenn diese leicht zu lösen waren.

24 Ries AS, Hermanns T, Poeck B, Strauss R. Serotonin modulates a depression-like state in Drosophila responsive to lithium treatment. Nat Commun. 2017 Jun 6;8:15738. doi: 10.1038/ncomms15738. PubMed PMID: 28585544

25 Hiroto D, Generality of Learned Helplessness in Man, Journal of Personality and Social Psychology 31(2):311-327 · February 1975

„*Das schaff ich ja sowieso nicht*", ist ein Satz, den wir schnell aussprechen, aber dessen Tragweite sich erst angesichts der beschriebenen Versuche offenbart. Denn wenn wir Situationen erleben, die uns an unserer Selbstwirksamkeit zweifeln lassen, verfallen wir früher oder später in eine Starre. Ein Zustand, in dem wir offene Türen und Auswege selbst dann nicht mehr erkennen, wenn sie sich endlich bieten. Um auch in belastenden Lebenssituationen handlungsfähig zu bleiben und damit ein zentrales Merkmal der Resilienzfähigkeit zu besitzen, ist es wichtig, seine Selbstwirksamkeit aufrechtzuerhalten.

Säule 2: „Wenn das Leben dir Zitronen gibt ..." – Optimismus

Optimisten sehen im Sprichwort ein halbgefülltes Wasserglas, wo andere Menschen ein schon zur Hälfte geleertes wahrnehmen. Sie denken positiv und erkennen auch in belastenden Situationen die Möglichkeiten. Der Spruch „*Wenn das Leben dir Zitronen gibt, mach´ Limonade draus!*" charakterisiert das optimistische Lebensgefühl in witziger Weise und wird deshalb gern auf Gruß- und Glückwunschkarten verwendet. Doch warum haben Menschen, die die Welt durch eine rosarote Brille sehen, eine höhere Resilienzfähigkeit als andere? Würde nicht eine realistische, zuweilen deprimierend ehrliche Betrachtung des eigenen Lebens eher vor Enttäuschungen schützen?

Viele Menschen hegen das ungute Gefühl, sich selbst zu belügen, wenn sie versuchen, nur das Beste in ihrer aktuellen Situation zu sehen und die Sorgen auszublenden. Kann diese Haltung tatsächlich vor psychischen Einbrüchen schützen und die Widerstandskraft der Seele erhöhen?

Die Psychologie sagt Ja! Bislang haben sich Forscher allerdings nur gelegentlich mit der optimistischen Lebenshaltung beschäftigt. Wenn, dann vor allem mit der positiven Verzerrung der Selbstwahrnehmung. Dieses Phänomen erhielt sogar einen Namen in der Fachwelt: der Dunning-Kruger-Effekt. Die Wissenschaftler David Dunning und Justin Kruger entdeckten während ihrer Studien im Jahre 1999, dass Personen mit geringeren Kompetenzen in den Bereichen Textverständnis, Schachspielen und Autofahren, ihre Leistungen selbst wesentlich positiver bewerteten, als sie objektiv betrachtet waren.[26] Personen, die bereits relativ hohe Kompetenzen

26 Kruger J, Dunning D. Unskilled and unaware of it: how difficulties in recognizing one's own incompetence lead to inflated self-assessments. J Pers Soc Psychol. 1999 Dec;77(6):1121-34. PubMed PMID: 10626367

besaßen, waren viel eher bereit, ihre Leistungen realistisch einzuordnen. Eigentlich ein Missverhältnis, über das sich kompetente und intelligente Menschen gern aufregen: Wie häufig erlebt man Menschen, die im Grunde nichts von einem Fachgebiet verstehen, aber ganz unbedarft und ohne Zweifel darauf zugehen. Nicht selten erreichen die Naiven dann zum Unbehagen der versierten Zuschauer auch noch spontane Erfolge. Wer viel Schweiß und Arbeit in einen Bereich investiert hat, sieht diese Ungerechtigkeit mit Magenschmerzen.

Profis und Fachkräfte neigen hingegen dazu, blind für ihre bisherigen Erfolge zu sein und verlangen sich regelmäßig große Leistungen ab. Diese Anspruchshaltung verbietet ihnen, blauäugig eine Unternehmung zu starten, auf die sie sich nicht systematisch vorbereitet haben. Menschen mit hohen Erwartungen an sich selbst fällt es daher außerhalb ihres Berufes schwer, sich spontan und sorglos in einem neuen Gebiet auszuprobieren. Anstatt ins kalte Wasser zu springen, wollen sie erst trainieren, recherchieren und herausfinden, worauf es eigentlich ankommt. Leistungsbewusste Menschen schaffen es dann, alle Gebiete des Lebens zu einer Wissenschaft zu erheben: Ob Krafttraining, Kindererziehung oder KFZ-Kauf – wenn sie erst einmal anfangen, sich mit der Thematik zu beschäftigen, geht intelligenten Zeitgenossen schnell eines auf: Nämlich, dass sie fernab davon sind, über sämtliche Informationen zu verfügen. *„Ich weiß, dass ich nichts weiß"*, diese Erkenntnis präsentierte Sokrates einst als große Weisheit des menschlichen Daseins – für viele Kopfmenschen kommt sie eher einer Horror-Botschaft nahe. Denn Dinge, die sie nicht vollständig begreifen oder von der Pike auf gelernt haben, bereiten ihnen sorgenvolle und belastende Gedankenkreise.

Die rosarote Brille schützt vor Depressionen

Erkennen Sie sich wieder? Dann versuchen Sie, sich wenigstens ab und zu vom Optimismus der naiveren Zeitgenossen anstecken zu lassen. Denn genau das könnte einer der entscheidenden Faktoren sein, um Sie in Zukunft vor Depressionen zu schützen.

Wie der Zusammenhang zwischen mangelndem Optimismus und Depressionen funktioniert, untersuchte der Sportwissenschaftler und Psychologe Stefan Krause: Er verfolgte im Rahmen seiner Dissertation die Trainingserfolge und die Stimmung von Patienten, die nach einer Schädigung des zentralen Nervensystems ihre motorischen Fähigkeiten durch Training wiederherstellen mussten.[27] Depressive Patienten zeichneten sich dabei durch eine bestimmte Weltsicht aus. Sie werteten ihre Trainingserfolge nicht etwa ab, wie man es von depressiven Menschen vielleicht erwarten würde. Schließlich sagt man Personen in negativer psychischer Verfassung gern nach, dass sie ihr Leben in trüben Farben wahrnehmen und auch beim Blick in die Zukunft gern Schwarzmalerei betreiben. Entgegen aller Erwartungen konnten die depressiven Patienten ihre Trainingsfortschritte besonders objektiv und realistisch einschätzen. Diese Menschen waren „sadder but wiser" – trauriger aber klüger – wie der Wissenschaftler bilanzierte.

Doch gerade der Realismus scheint auf die Stimmung zu schlagen. Denn Patienten, die ihre Trainingserfolge als übertrieben gut einschätzten, wiesen eine wesentlich positivere Grundstimmung auf. Krause prägte daraufhin in seiner Arbeit den Begriff des „depressiven Realismus". Nicht die realistische Sicht, meint er, sondern die positive Verzerrung der Realität ist essenziell an der psychischen und physischen Gesundheit beteiligt. Diese Verzerrung bewirkt,

27 Stefan Krause, Sadder but wiser: zum Realismus der Selbsteinschätzung hinsichtlich der Belastungswahrnehmung und der motorischen Funktionswiederherstellung nach ZNS-Schädigungen in Abhängigkeit vom Grad der Depressivität (1997)

dass wir zuweilen die Illusion von Kontrolle über eine Situation verspüren, die objektiv gesehen unserem Einfluss entzogen ist. Und das subjektive Empfinden von Kontrolle identifizierte die Psychologin Martha Höfler jüngst in ihrer Dissertation als einen der 3 größten Resilienzfaktoren.

Illusionen können eben manchmal heilsam sein. Oder, wie es Michael Scheier und Charles Carver in einer Studie zu den gesundheitlichen Auswirkungen von Optimismus ironisch zusammenfassen: *„Psychologen entdecken langsam, was viele Laien bereits seit Jahren wissen – dass positives Denken hilft!"*[28]

Statistiken zeigen darüber hinaus, dass der Grad des Optimismus, mit dem Frauen bei der Geburt ihres Kindes ins Krankenhaus eingeliefert wurden, in direktem Zusammenhang mit dem Grad der postpartalen Depression 3 Wochen später stand. Je optimistischer die werdenden Mütter waren, desto weniger litten sie anschließend unter Depressionen. Eine ähnliche Verbindung zeigt sich auch in der Stimmung von Patienten vor und nach einer Bypass-Operation. Auch Frauen nach einer Brustkrebs-Operation empfinden weniger negativen Stress, wenn sie ihre Situation vorher optimistischer beurteilen. Dabei wirkt sich die positive Erwartungshaltung nach Operationen auch auf biologische Parameter aus: Ärzte fanden Zusammenhänge zwischen einem größeren Optimismus vor einem Eingriff und einer kürzeren Rehabilitationszeit, besseren Ergebnissen im EKG, besseren Blutbildern und einer besser funktionierenden Wiedereingliederung ins Erwerbs- und Sozialleben.

Optimisten agieren aktiv und planvoll, während Pessimisten sich eher entmutigen lassen, wenn sie eine problematische Aufgabe bewältigen sollen. Während optimistische Personen schwierige Aufgaben als Herausforderung wahrnehmen, resignieren pessimistische

28 Scheier M. Carver. S, Effects of Optimism on Psychological and Physical Well-Being: Theoretical Overview and Empirical Update, Cognitive Therapy and Research, VoL 16, No. 2, 1992, pp. 201-228

Menschen schneller. Doch diese Kraft erhalten Optimisten laut Fachleuten in erster Linie durch eine etwas zu rosa interpretierte Sicht ihrer selbst und ihrer Umgebung. Lauren Alloy und Lyn Abramson drückten es folgendermaßen aus: „*Depressive Individuen leiden am Zusammenbruch der normalen optimistischen Verzerrung. Symptome der Depression wie ein geringes Selbstwertgefühl, Defizite im sozialen Umgang, negative Gefühle, verminderte Ausdauer, verminderte Fähigkeiten, mit Stress umzugehen und Suizidgedanken könnten Konsequenzen daraus sein, eine gesunde persönliche Illusion verloren zu haben.*“[29]

29 Alloy LB, Abramson LY, Metalsky GI, Hartlage S. The hopelessness theory of depression: attributional aspects. Br J Clin Psychol. 1988 Feb;27 (Pt 1):5-21. Review. PubMed PMID: 3281732

Wie lerne ich, optimistisch zu denken?

Haben Sie sich selbst im Verdacht, das Glas eher halb leer wahrzunehmen als halb voll? Dann sollten Sie versuchen, Ihrem Denken einen Anstoß in eine andere Richtung zu geben. Beginnen Sie dabei mit Ihren persönlichen Fähigkeiten – denn hier liegt meist die Wurzel für ein düsteres Bild der Zukunft: Wenn wir uns selbst als zu inkompetent bewerten, um zukünftige Schwierigkeiten überwinden zu können, resignieren wir bereits bevor die Probleme auftauchen. Wie Seligmans angebundene Hunde warten wir auf den Stromschlag, dem wir ja doch nicht entkommen können. Das glauben wir zumindest.

Für ein optimistisches Selbstbild sollten Sie Ihre Gedanken erst einmal auf Ihre Kernkompetenzen richten. Schließlich besitzen Sie unzweifelhaft eine große Auswahl persönlicher Stärken, die Ihnen beim Bewältigen Ihres Alltags hilft. Das Problem daran: Wenn Sie sich erst einmal an Ihre positiven Fähigkeiten gewöhnt haben, nehmen Sie sie häufig nicht mehr wahr. Was einst eine harte Errungenschaft war, hat Ihr Gehirn im Verlauf der Zeit zum Standard degradiert. Erinnern Sie sich zum Beispiel noch, wie Sie den Führerschein gemacht haben? Junge Leute, die noch nie ein Auto gesteuert haben, sind häufig unsicher und bewundern die Fähigkeit, sauber rückwärts einzuparken, als bemerkenswert. Vor allem, wenn sie ihre ersten unbeholfenen Versuche starten. Doch der Respekt verschwindet allmählich, je häufiger man hinter dem Steuer sitzt. Heutzutage führen Sie vielleicht täglich Einparkmanöver durch, für die Ihnen Ihr 18-jähriges Ich anerkennend auf die Schulter klopfen würde. Doch heute gehören Einparkfähigkeiten zu Ihrem Standard-Repertoire und erlangen vor Ihrer inneren Jury keine besondere Anerkennung. Genauso wie die Steuererklärung zu machen, mit komplizierter Software umzugehen oder sportliche Leistungen zu absolvieren, die Sie vor Jahren noch hoffnungslos aus der Puste gebracht hätten. Als wirkliche Stärken empfinden wir meist nur unsere hochspezialisierten Kompetenzen, die mit unserem Beruf zusammenhängen. Manchmal auch herausragende soziale Fähigkeiten. Machen Sie den Test. Listen Sie jetzt, ohne viel darüber nachzudenken, Ihre 5 größten Stärken auf:

1.

2.

3.

4.

5.

Wie lange haben Sie dafür gebraucht? Welche Themen sprechen diese Stärken an? Ihren Beruf? Ihre Familie? Vielleicht herausragende Talente, die Sie bereits Ihr halbes Leben lang verfolgen?

Jetzt versuchen Sie, die Perspektive etwas zu verschieben: Erinnern Sie sich daran, wann Ihnen das letzte Mal eine Person gesagt hat, dass sie Ihre Leistungen oder Handlungen als besonders positiv empfunden hat. Hier zählen auch Kleinigkeiten des Alltags. Lob, das wir nicht erwarten oder das sich auf Details bezieht, die wir nicht zu unseren Stärken zählen, vergessen wir oft schnell wieder. Versuchen Sie, sich jetzt aktiv daran zu erinnern und zählen Sie 5 Begebenheiten auf, bei denen Sie überraschend positives Feedback erhielten:

1.

2.

3.

4.

5.

Interessant, oder? Können Sie sich mit all diesen Stärken voll identifizieren oder lehnen Sie manches ab mit einem *„Ach, das war doch nichts. Das war selbstverständlich.“* Stopp. Versuchen Sie, stattdessen zu denken: *„Ja, auch das gelingt mir gut und wird mir immer wieder gut gelingen!“*
Jetzt können Sie Ihre Stärken aus der Perspektive Ihrer Mitmenschen entdecken. Dazu bietet es sich an, einen Freund, den Bruder, die Schwester, die Eltern, liebe Kollegen oder einen anderen wohlgesonnenen Mitmenschen zu fragen, was er glaubt, dass Sie gut können. Wenn Ihnen das unangenehm ist, erklären Sie Ihren Wunsch mit einem „Buch über Ressourcenbildung aus dem Coachingbereich“, das Sie gerade lesen.

Haben Sie sich getraut zu fragen? Welche Stärken nehmen Ihre Mitmenschen an Ihnen wahr?

1.

2.

3.

4.

5.

...

Diese Ergebnisse bergen manchmal echte Überraschungen. Sehen Freunde und Familie den einen oder anderen Positiv-Aspekt an Ihnen, dessen Sie sich selbst gar nicht so bewusst waren? Wie geht es Ihnen damit? Haben Sie Lust, diese Eigenschaften zu vertiefen oder sich einmal aktiv darauf zu konzentrieren?

Schließlich gibt es da noch Stärken an Ihnen, die Sie vielleicht belächeln. Versuchen Sie, einmal aktiv 5 Fähigkeiten aufzuzählen, die sich an profanen Alltagsdetails oder scheinbar nutzlosen Details offenbaren. „*Ich kann ein Fenster putzen, ohne dass es Streifen gibt*", „*Ich kann mit meiner Zunge meine Nasenspitze berühren*" – alles ist erlaubt, bei dem Sie sich ironisch auf die Schulter klopfen oder mit dem Sie den 4-jährigen Nachbarsjungen beeindrucken könnten:

1.

2.

3.

4.

5.

Wie viele Stärken haben Sie insgesamt zusammentragen können? 20, 30 oder sogar mehr? Ich empfehle Ihnen, alle in einem großen gemeinsamen Bild zu visualisieren. Schreiben Sie die Begriffe dazu auf ein Whiteboard, eine Tafel oder einen großen Bogen Papier. Nicht wie in einer Liste ordentlich untereinander, sondern wie beim Mindmapping: Jeder Begriff erhält einen runden oder ovalen Rahmen, zwischen einigen wollen Sie vielleicht Verbindungen ziehen. Eventuell nutzen Sie verschiedene Farben, um die Begriffe in technische, emotionale und kreative Kategorien einzuteilen. Oder Sie gestalten alles in neutralem Schwarz-Weiß, um unbeeinflusst Zusammenhänge herstellen zu können, die sich auf den ersten Blick nicht erschließen.

Was Sie jetzt vor sich sehen, ist die individuelle Struktur Ihrer rein positiven Persönlichkeitsseite. Eine Sammlung von Werkzeugen und Programmen, die Ihnen hilft, Ihre Ziele zu erreichen und Problemen zu begegnen. Und Ressourcen, die Ihnen bereits geholfen *haben*. Erinnern Sie sich einmal an Ihre Probleme in jüngster Vergangenheit, denen Sie konstruktiv begegnet sind. Auch an Schwierigkeiten, die Sie überwunden haben und sich im Nachhinein über sich selbst wunderten. Vorab hätten Sie vielleicht nicht geahnt, dass Sie dazu in der Lage sind. Welche Fähigkeiten aus Ihrem Stärken-Repertoire haben Ihnen dabei geholfen?

Wie sieht es mit den Krisen Ihres Lebens aus, die für Sie am meisten belastend und einschneidend waren – welche Ihrer persönlichen Ressourcen haben sich in diesem Fall besonders hilfreich gezeigt?

Wenn Sie es auf diese Weise betrachten, besitzen Sie eigentlich bereits einen großen Schatz an Ressourcen, der Ihnen zur Bewältigung der Schwierigkeiten in Ihrem Leben zur Verfügung steht. Ihre persönlichen Stärken dürfen Sie ganz optimistisch betrachten. Schließlich haben Sie sich mehrfach im Praxistest bewiesen.

Warum schaffen es aber gerade perfektionistische Menschen nicht, das, was Ihnen an guten Persönlichkeitszügen gegeben ist, anzuerkennen? Das liegt an einer Idealvorstellung des menschlichen Lebens: Wir erheben Anspruch darauf, dass alles glatt läuft und die Krise der Ausnahmezustand ist. Familie, Beruf, Finanzielles und die

Persönlichkeitsentwicklung – alles messen wir an einer Ideallinie. Dabei wissen Psychologen längst, dass eigentlich die Probleme der Normalzustand sind. Sie reihen sich wie große und kleine Perlen auf die Kette unseres Lebens und fordern uns täglich heraus.

Bei unseren Vorfahren sah dies nicht anders aus: Wo bekomme ich heute mein Essen? Welche Gefahr durch Mensch und Raubtier muss ich abwenden? Wie beschütze ich meine Kinder? Idylle und Idealleben wären für den Menschen in der Steinzeit sicher absurde Konzepte gewesen, wenn man sie ihm hätte verständlich machen können. Doch das ist nicht deprimierend, sondern eine gute Nachricht: Unser Gehirn ist während der Evolution zum perfekten Problemlösungscomputer entwickelt worden. Dafür haben Generationen Ihrer Vorfahren gesorgt, die immer wieder in unwirtlichen Umgebungen zurechtkommen mussten. Und auch Sie bewältigen Ihr Leben mithilfe der Fähigkeiten und Eigenschaften, die wir in diesem Kapitel gesammelt haben. Haben Sie etwas Vertrauen und gönnen Sie sich eine optimistische Weltsicht. Sie schaffen das schon! Denn Sie haben viel zu bieten.

Säule 3: Raus aus der Opferrolle – Gefühle regulieren und Verantwortung übernehmen

So hilflos wie ein Blatt im Wind fühlen sich viele Menschen, die belastende Lebensphasen erleben. Nicht nur, weil sie von negativen Ereignissen überrollt werden, sondern weil sie ihre eigenen emotionalen Reaktionen als unberechenbar erleben. Gefühle von Angst, Wut und Hilflosigkeit beziehen sich nie nur auf ein einschneidendes Erlebnis, sondern beeinflussen anschließend zahlreiche alltägliche Erlebnisse, die traumatische Erinnerungen wieder wachrufen oder zukünftige Befürchtungen schüren.

Wie sich die emotionale Dynamik in eine alles mit sich reißende Negativspirale verwandeln kann, zeigt das folgende fiktive Beispiel: Stellen Sie sich einen Menschen vor, der sich zeitlebens über seine berufliche Leistung definiert hat, und der überraschend seinen Arbeitsplatz verliert. Eine Entlassung und darauffolgende Arbeitslosigkeit zählen laut der Stress-Skala der Psychiater Holmes und Rahe zu den größten Stressfaktoren im modernen Leben. Doch warum? Als Freund oder Angehöriger eines zeitweilig Arbeitslosen neigt man dazu, die Situation herunterzuspielen „*Dann schreibst du halt ein paar Bewerbungen – Leute mit deiner Qualifikation finden doch schnell wieder eine Stelle*", lautet der übliche Trost in der Krise. Doch wer selbst bereits längere Phasen der Arbeitslosigkeit durchstehen musste, weiß, dass die emotionalen Schwierigkeiten weit über den Aufwand des Schreibens von Bewerbungen hinausgehen.

Schlagartig geraten Arbeitslose in eine finanzielle Drucksituation. Und selbst wenn sie eine Zeit lang Anspruch auf das Arbeitslosengeld I haben, ist die Lebenssituation der meisten doch so abgesteckt, dass selbst maßvolle Einbußen beim monatlichen Verfügungsrahmen eine Bedrohung für den Lebensstandard bedeuten. Sorgen kreisen um die Kreditrate, die Miete, die Versicherungen und die geplanten Aktivitäten. Kann das alles noch bewältigt werden oder müssen Anschaffungen verworfen und Urlaube storniert werden? Und was kommt, wenn die Situation länger andauern sollte und die finanziellen Mittel noch knapper werden? Steht dann ein Umzug an? Oder ein Hausverkauf?

Die Erinnerung an die finanzielle Situation verfolgt Menschen ohne Beschäftigung hin zu vielen alltäglichen Situationen: Der Gang zum Briefkasten kann Schweißausbrüche auslösen – *welche Rechnungen sind heute reingekommen und werde ich sie bezahlen können?* Die gemeinsame Unternehmung mit Freunden wird zur Belastung – *kann ich mir Übernachtung und Essen leisten oder muss ich absagen und mich aus der Gruppe ausschließen?* Jeden Morgen begleitet das Erwachen ein beklemmendes Gefühl – *alle gehen sinnvollen und honorierten Tätigkeiten nach, nur ich nicht …*

Soziale Kontakte, Unternehmungen mit Freunden und Familienfeiern schüren die Empfindung von Ausgrenzung besonders stark, deshalb meiden Arbeitslose diese mit der Zeit. Die soziale Isolation bildet allerdings einen weiteren Stressfaktor. Denn allein mit Ihren negativen Gedanken verfallen Sie leichter in Selbstzweifel und Selbstmitleid. *Warum musste ausgerechnet mir das passieren? Bei meinen anstehenden Bewerbungen kassiere ich sicher nur Absagen. Ich brauche es gar nicht erst zu versuchen …*

Leicht nachvollziehbar, dass Menschen, deren Umfeld ihnen durch unbezahlte Rechnungen, abgesagte Urlaube und einen sozialen Abstieg reflektiert, es sei mit ihnen etwas nicht in Ordnung, ihr Selbstwertgefühl langsam verlieren. Doch gerade Selbstbewusstsein braucht es, um bei Vorstellungsgesprächen zu überzeugen. Hier beginnt ein emotionaler Teufelskreis. Doch ist jeder Arbeitssuchende hilflos dem Negativstrudel ausgeliefert? – Nur bedingt. Denn, obgleich der finanzielle Druck bei Jobverlust durchaus real ist, spielen sich die meisten Prozesse, die unseren Selbstwert schwächen, in unseren Gefühlen ab.

Negative Emotionen äußern sich zum Beispiel darin:

- Bei einer Kündigung zu glauben, dass man inkompetent sei ...
- Sich dafür zu schämen, Statussymbole zu verlieren ...
- Angst zu haben, in Zukunft keine Stelle mehr ergattern zu können ...
- Bei Absagen zu resignieren und zu meinen, nie wieder an ehemalige Erfolge anschließen zu können

Dabei handelt es sich nicht um Tatsachen, sondern um emotionale Reaktionen, die hypothetisch auch anders ausfallen könnten. *„Wie denn?! Wenn die Situation doch so hart ist?"* - entgegnen Menschen in Belastungssituationen mit Empörung auf diesen Hinweis. Sie nehmen an, dass wir unseren gefühlsmäßigen inneren Reaktionen auf Stress hilflos ausgeliefert sind. Doch das muss nicht sein. Vielleicht haben Sie selbst schon einmal jemandem in einer kleineren Krisensituation gesagt *„Jetzt übernimm endlich die Verantwortung für deine Situation und ändere etwas!"* Diese Mahnung setzt voraus, dass wir uns selbst als Akteur begreifen, um unsere Umstände zu beeinflussen. Unser Agieren beginnt allerdings nicht erst in der Außenwelt, sondern bereits in unseren inneren Vorstellungen. Und zuweilen erstreckt sich der menschliche Aktionsradius ausschließlich auf das Innenleben:

In seinem Buch „Und trotzdem Ja zum Leben sagen" beschreibt Viktor Frankl wie die Insassen eines Konzentrationslagers im Nationalsozialismus allein durch Bewertungen und Vorstellungen ihrer gedanklichen Innenwelt einen Sinn in ihrem Leben finden. Der Österreicher, der später als Psychotherapeut und Psychiater arbeitete, verlor im Konzentrationslager Eltern, Bruder und Ehefrau. Dennoch postulierte er, dass der Mensch selbst angesichts größten Horrors die Wahl habe, wie er sein inneres Erleben davon beeinflussen lasse. Gegenüber dem Schrecken von Völkermord und Krieg mögen Ihnen Ihre eigenen Lebensprobleme vielleicht sogar belanglos erscheinen. Dennoch bleibt die Frage – wie kann ich meine emotionalen Reaktionen auf meine Umwelt beeinflussen?

Modulieren Sie Ihr inneres Erleben mithilfe Ihrer Sinne

Vorab ein Hinweis: Wenden Sie die beschriebenen Techniken nicht an, wenn Sie infolge eines traumatischen Erlebnisses an Flashbacks, einem Posttraumatischen Belastungssyndrom oder anderen schwerwiegenden psychischen Krankheiten leiden. In diesem Fall brauchen Sie die Unterstützung eines Facharztes bzw. eines Therapeuten. Die folgenden Tools sollen gesunden Menschen dienen, die im Allgemeinen ihre Resilienzfähigkeit erhöhen wollen:

Werden Sie zum Regisseur Ihres inneren Films

In den 1970er Jahren erkannten der Linguist John Grinder und der Psychologe Richard Bandler, dass sich das gedankliche Erleben eines Menschen an seinen körperlichen Sinnen orientiert. Überprüfen Sie diese These einmal bei sich selbst:

1. Rufen Sie sich ein Ereignis ins Gedächtnis, das bei Ihnen Gefühle von Anspannung oder Stress erzeugt. Zum Beispiel ein Gespräch mit Ihrem Vorgesetzten, ein Bewerbungsgespräch oder eine unangenehme Situation in der Öffentlichkeit. Es muss sich nicht um eine Erinnerung handeln – Sie können sich auch vorstellen, wie sich eine negative Situation in der Zukunft gestalten könnte.

2. Jetzt versuchen Sie, die Situation innerlich zu durchleben und dabei zu beschreiben, was Sie wahrnehmen.

3. Sehen Sie die Situation als Film vor Ihrem inneren Auge? Achten Sie besonders auf die Worte, die gesprochen werden, oder auch die Bilder, die sie erblicken? Ist ein bestimmtes Körpergefühl während dieser Vorstellung bei Ihnen besonders präsent?

Bandler und Grinder gehen davon aus, dass unsere inneren Bilder von Modalitäten geprägt sind, die unseren Sinneswahrnehmungen gleichen: visuelle, auditive, kinästhetische, olfaktorische und gustatorische Eindrücke. Wir sehen, hören, fühlen, riechen und schmecken sowohl Erinnerungen als auch Erwartungen. Wenn Sie beispielsweise an ein Gespräch mit einem schwierigen Vorgesetzten denken, bei dem Sie Kritik erwarten – wie gestaltet sich das Bild vor ihrem inneren Auge?

- *Sehen* Sie die Person überdeutlich oder vielleicht sogar in übertriebener Größe vor sich?

- Oder *hören* Sie insbesondere die harten Worte, die Sie erwarten – eventuell in bedrohlich tiefer Stimme vorgebracht?

- Vielleicht *spüren* Sie in erster Linie, dass sich etwas in Ihrem Magen zusammenzieht?

Viele Menschen sind nicht nur nach außen hin auf bestimmte Sinneseindrücke gepolt – bekanntermaßen gibt es visuelle und auditive Lerntypen – sondern bevorzugen den einen oder anderen Sinneskanal auch in ihren inneren Bildern. Dabei bestimmt das „Wie“, ob ein negatives oder positives Gefühl erzeugt wird. Begeben Sie sich noch einmal in ihre Vorstellung der Konfrontation mit Ihrem Chef. Versuchen Sie diesmal exakt zu beschreiben, wie sie sich innerlich gestaltet:

- Sehen Sie das Bild in bunten Farben oder in Schwarz-Weiß-Tönen?
- Ist der Eindruck scharf oder verschwommen?
- Reden die Personen laut oder leise?
- Mit dunkler, langsamer oder mit schneller und hoher Stimme?
- Sehen Sie sich selbst als dritte Person oder sehen Sie das Bild durch Ihre Augen?

Diese untergeordneten Differenzierungen der Sinne nennt man „Submodalitäten". Wenn Sie sich erst einmal über Ihre individuell bevorzugten Sinneskanäle im Geiste bewusst werden, können Sie über das Steuern der Submodalitäten leicht Einfluss auf Ihre Gefühle nehmen:

Nehmen wir an, Sie sehen das Bild Ihres kritischen Gegenübers in düsteren Grautönen vor Ihrem inneren Auge. Wie verändert sich Ihre Stimmung, wenn Sie versuchen, das Bild in klare bunte Farben zu tauchen? Verliert es dabei seine bedrohliche Wirkung? Für manche Menschen trifft auch das Gegenteil zu: Sie sehen furchteinflößende Erwartungen in Farbe und überdeutlich vor sich. Lassen sie dagegen den inneren visuellen Eindruck verblassen, als ob man die Sättigung eines Digitalbildes herunterregelt, schwindet auch die Angst vor dem Ereignis schlagartig.

Wenn Sie dagegen die Stimme Ihres Kritikers deutlich hören können und von ihrem Klang geplagt sind, verändern Sie einfach im Geiste Tempo und Tonhöhe. Lassen Sie die Person einmal so sprechen, als laufe ein Tonband in Slow Motion – dunkel, verzerrt und langsam. Danach lassen Sie sie klingen, als habe Sie einige Atemzüge Helium inhaliert: Mickymaus-artig hell und hektisch. Bei welchem Eindruck verliert sich der Schrecken? Wann müssen Sie vielleicht sogar unwillkürlich lachen?

Einigen inneren Vorstellungen nehmen Sie auch dadurch den Schrecken, dass Sie den Platz wechseln: Treten Sie aus sich heraus und werden Sie zum äußeren Beobachter der Szene. Wie wirkt sie jetzt auf Sie? Erzeugt sie dieselben unangenehmen Gefühle wie vorher?

Im Folgenden finden Sie eine Liste von Submodalitäten, an denen Sie innerlich „schrauben" können, um die Gefühle, die von Erwartungen und Erinnerungen erzeugt werden, zu verändern:

visuell

- Anzahl (ein oder viele Bilder?)
- Vordergrund - Hintergrund
- Ausrichtung (gerade, geneigt oder gekippt)
- Begrenzung (scharfe oder undeutliche Ränder?)
- Bewegung (langsam oder schnell? Fließend oder pulsierend?)
- Bewegungsart (geradlinig oder kreisförmig?)
- Dauer (kurz oder lang?)
- Dichte (körnig oder flimmernd?)
- Entfernung (nah oder fern?)
- Farben (pastellartig oder grell? Bunt oder schwarz-weiß?)
- Fokus (Detail oder Gesamtheit?)
- Form (rund, quadratisch oder rechteckig?)
- Größe (klein oder groß?)
- Helligkeit (hell oder dunkel?)
- Kontrast (stark oder schwach?)
- Oberfläche (glatt oder rau?)
- Position (oben oder unten? Links oder rechts?)
- Proportionen (größer oder kleiner?)
- Schärfe (klar oder verschwommen?)
- Transparent oder opak?
- Zweidimensional oder dreidimensional?

auditiv

- Anzahl der Klangquellen?
- Ausdruck (klar oder gedämpft?)
- Dauer (kurz oder lang?)
- Entfernung (nah oder fern?)
- Geschwindigkeit/Tempo (schnell oder langsam?)
- Klangcharakter (sanft oder hart?)
- Klarheit (brillant oder dumpf?)
- Kontrast (harmonisch oder disharmonisch?)
- Lautstärke (laut oder leise?)

- Melodie (harmonisch oder disharmonisch?)
- Rhythmus (gleichmäßig oder unregelmäßig?)
- Tonhöhe (hoch oder tief?)
- Tonqualität (nasal oder volltönend?)

kinästhetisch

- Beschaffenheit/Struktur (rau oder glatt? Weich oder hart?)
- Druck (stark oder schwach?)
- Gewicht (leicht oder schwer?)
- Intensität (stark oder schwach?)
- Kontinuum (zunehmend oder abnehmend?)
- Position (im oder am Körper?)
- Temperatur (heiß, warm oder kalt?)

olfaktorisch

- angenehm-unangenehm (aromatisch/verbrannt/stinkend)
- Primärgerüche (kampferartig, moschusartig, blumig, minzartig, stechend, faulig)

gustatorisch

- Intensität (stark oder schwach?)
- Angenehm oder unangenehm?
- Grundqualitäten (süß, sauer, salzig, umami oder bitter?)

Wie kann das Einsetzen der Submodalitäten im Alltag helfen? Ganz einfach: Machen Sie sich klar, dass viele Ihrer Stimmungsveränderungen im Tagesverlauf mit Erinnerungen und Erwartungen zusammenhängen. Die Enttäuschung über eine Job-Absage gipfelt vor Ihrem inneren Auge vielleicht sogar in einer düsteren Zukunftsvision, in der Sie Ihr geliebtes Wohnumfeld verlassen müssen oder Ihr soziales Umfeld verlieren. Der Stress vor einer wichtigen Präsentation ist meist geprägt von Vorstellungen, wie Sie sich verhaspeln, den Faden verlieren und sich durch Unkenntnis der Lächerlichkeit preisgeben. All unsere emotionalen Reaktionen binden sich an bestimmte Vorstellungen, die in den meisten Fällen nicht annähernd in befürchteter Weise eintreten. Doch der Gedanke daran verdirbt uns den Tag, vermiest uns die Stimmung und macht uns letztendlich unproduktiv und handlungsunfähig.

Wer gelernt hat, seine inneren Bilder und Tonspuren zu beobachten und bei Bedarf lauter und leiser zu drehen, kann langsam Verantwortung für seine Gefühlsreaktionen übernehmen. Besonders in Krisen kann das eine große Hilfe sein. Doch Ihre allgemeine Resilienzfähigkeit steigern Sie allein dadurch, dass Sie mit der Zeit das Bewusstsein erlangen, Ihren Gefühlsregungen nicht hilflos ausgeliefert zu sein. Verlassen Sie die Rolle als Opfer Ihrer Emotionen und werden Sie zum Gestalter. Gefühlsregulation verleiht ein Gefühl der Selbstwirksamkeit. Sie wissen: Ich kann Dinge ändern – selbst wenn es am Anfang nur meine eigenen Gefühle zu einer Situation sind. Doch eben dies ist eine essenzielle Fähigkeit, die vielen Menschen fehlt.

Sich einfach gut fühlen – auf Knopfdruck!

Zugegeben, diese Überschrift ist provokant. Ganz so einfach funktioniert eine Gefühlsveränderung zum Positiven in den seltensten Fällen. Was aber die negativen Einflüsse anbelangt, sind wir häufig allzu bereit, uns in Millisekunden an den Rande des Nervenzusammenbruchs bringen zu lassen. Viele Menschen unterhalten in ihrem Gehirn eine achtspurige Gefühls-Autobahn, die vom kleinen Missgeschick zur Vision des vollständigen Versagens führt. Diese Verbindung haben sie nicht gewollt – sie ist über die Jahre einfach entstanden. Evolutionsbedingt neigen wir Menschen leider dazu, negative Ereignisse lange in Erinnerung zu behalten und mit zahlreichen Auslösern in unserer Gegenwart zu assoziieren. Einst half diese Eigenschaft uns zweifellos, einen großen Bogen um potenzielle Feinde und Raubtiere zu machen. Doch in unserer Gegenwart, in der emotionale Ausgeglichenheit eine unserer größten Ressourcen ist, schadet uns die automatisierte Erwartung des Allerschlimmsten.

Stattdessen hilft es, Kraft aus den positiven Seinszuständen zu ziehen. Denn die kommen in jedem Leben vor. Doch sind sie häufig schnell vergessen und verblassen. Tun Sie etwas, um Ihre Stärken innerlich stets präsent und verfügbar zu halten! Dabei hilft Ihnen die folgende Übung:

1. Vergegenwärtigen Sie sich einen Moment in Ihrem Leben, in dem Sie sich durchweg gut gefühlt haben: erfolgreich, respektiert, geliebt, sinnvoll – was immer Ihr persönliches Kraftzentrum repräsentiert.

2. Schaffen Sie sich, ähnlich wie in der vorhergehenden Übung, ein inneres Bild von der Situation: Welche Umgebung nehmen Sie dabei wahr? Welche Akteure? Welche Geräusche, Gerüche und körperliche Empfindungen dominieren den Moment?

3. Versuchen Sie, jetzt durch Veränderung der Submodalitäten das positive Gefühl zu intensivieren. Erleben Sie es stärker, wenn Sie die Farben aufhellen und das Bild klarer werden lassen? Oder wenn Sie den Eindruck in Verschwommenheit zerfließen lassen? Fühlen Sie sich noch besser, wenn Worte und Geräusche langsam und dunkel klingen – oder wenn die Klänge hell und klar sind?

4. Spüren Sie sich mit veränderten Submodalitäten möglichst intensiv in den Moment hinein. Was empfinden Sie dabei am stärksten: Glück? Erfolg? Entspannung? Liebe? Coaches bezeichnen diesen Zustand gern als „Moment of Excellence“.

5. Versuchen Sie herauszufinden, in welcher Region Ihres Körpers Sie den Moment of Excellence am intensivsten empfinden. Vielleicht als Gefühl der Weite im Brustkorb? Als aufrechte Haltung in Ihren Schultern? Als vitales Kribbeln in Ihrer Beinmuskulatur?

6. Berühren Sie beim Nachempfinden des Moment of Excellence die Stelle Ihres Körpers, in der Sie ihn am intensivsten spüren. Falls Ihnen dabei zusätzlich ein bestimmtes Wort in den Sinn kommt, sprechen Sie es aus.

7. Prägen Sie sich die Verbindung ein: Erinnern Sie sich an Ihren Moment of Excellence, intensivieren Sie ihn durch die passenden Submodalitäten, berühren Sie den betreffenden „Anker" an Ihrem Körper und geben Sie dem ganzen einen Namen.

Jetzt haben Sie Zugang zu Ihren positiven Gefühlen. Und zwar systematisch. Diese Übung können Sie im Alltag immer dann einsetzen, wenn Sie merken, dass böse Überraschungen und wachsende Belastungen an Ihrer Stimmung zerren und Sie schwächen. Berühren Sie dann bewusst den Ankerpunkt für Ihren Moment of Excellence und versetzen Sie sich schlagartig in den angenehmen Zustand, der ihn auszeichnet. Je öfter Sie diese Übung anwenden, desto schneller und natürlicher gelingt es Ihnen, sich in Ihr „exzellentes Ich" hineinzufühlen. Sie werden merken, dass Sie dabei ein größeres Vertrauen in die Zukunft und eine höhere Motivation für Ihre Aufgaben entwickeln. Dabei müssen Sie sich nicht seltsam vorkommen.

Einige Menschen lehnen Techniken wie den „Moment of Excellence" zunächst ab, weil sie das Gefühl haben, sich damit „etwas einzureden". Doch das ist ganz und gar nicht der Fall: Sie erweitern in Ihrem Gehirn lediglich die Straße, auf der Sie Zugang zu Ihren persönlichen Ressourcen erlangen. Gleichzeitig erhöhen Sie auch das Tempolimit. Warum sollten Sie nur negativen Gedanken gestatten, sich im Alltag mit allem und jedem blitzschnell zu assoziieren, nur weil ihr Gehirn in dieser Hinsicht eine archaische Vorliebe hat? Arbeiten Sie hier für ein gerechtes Gleichgewicht. Auch Ihre positiven Erlebnisse sollten täglich die Möglichkeit erhalten, Ihr Handeln und Empfinden zu beeinflussen.

Angstbesetzten Situationen begegnen mit dem Swich

Durch das Verändern Ihrer inneren Bilder können Sie auch die Angst vor bestimmten Situationen reduzieren. Stellen Sie sich dazu ein Ereignis vor, das Sie regelmäßig zu Stressreaktionen treibt. Für manche Menschen ist dies ein Vortrag vor Publikum, eine Prüfung, der Aufenthalt auf einem überfüllten öffentlichen Platz, der Besuch beim Zahnarzt ... jeder Mensch besitzt hier individuelle Aversionen, von denen manche zuweilen die Dimension einer Phobie annehmen.

Jetzt kennen Sie allerdings die Macht der Submodalitäten. Untersuchen Sie deshalb das innere Bild Ihrer ganz persönlichen Stress-Situation daraufhin, welche Submodalitäten und Inhalte es besonders furchteinflößend machen. Wenn Sie beispielsweise ungern eine Präsentation vor Kollegen und Kunden abhalten – welche Elemente Ihrer Vorstellung machen sie so unangenehm? Imaginieren Sie die Situation wie einen tristen schwarz-weiß Film? Blicken Sie dabei in feindselige oder spöttische Gesichter? Fühlen Sie sich selbst ganz klein, wie gelähmt oder vor Nervosität zitternd? Nachdem Sie bereits mit dem Ändern von Submodalitäten gearbeitet haben, sollte Ihnen schnell aufgehen, welche Aspekte Sie abwandeln müssen, damit aus der furchteinflößenden eine vertrauenserweckende Vision wird. Vielleicht tauchen Sie die gesamte Szene in strahlenden Sonnenschein. Stellen sich vor, wie Ihr Publikum Ihnen interessiert und anerkennend lauscht. Verändern Sie Ihr Körpergefühl hin zu einer energiegeladenen Physis in souveräner Haltung.

Jetzt haben Sie zwei Visionen ein und derselben Szene erlebt. Die eine Vorstellung erzeugt sekundenschnell Unwohlsein und Stress, die andere Selbstvertrauen und Zuversicht. Versuchen Sie, beide kurz nacheinander vor Ihrem inneren Auge abzuspielen. Um beinahe automatisch von einem in den anderen Zustand wechseln zu können, nutzen Mentaltrainer eine Technik namens Swich (ein englisches Kunstwort, ähnlich dem deutschen „Zisch!"):

Dabei stellen Sie sich zunächst noch einmal das negative Bild der betreffenden Situation vor.

Versuchen Sie, sich vorzustellen, dass das positiv veränderte Bild bereits als winziger Punkt, ähnlich einem einzelnen Bildschirmpixel, im Negativbild präsent ist.

Lassen Sie jetzt das Positivbild vor dem inneren Auge förmlich explodieren, indem es sich in einer Sekunde vom einzelnen Pixel bis auf die gesamte Größe Ihres inneren Bildschirms ausdehnt und das Negativbild vollständig verdrängt.

Versuchen Sie dies noch einmal und sagen Sie dabei laut „Swich!" oder auch „Zisch!" – oder auch ein beliebiges Wort, das Sie wollen. Machen Sie einige Wiederholungen, bis Sie spüren, dass Ihnen der Wechsel von der Negativ- zur Positivsituation beinahe automatisch gelingt.

Um mit der Swich-Technik Ihre emotionale Lebensqualität zu verbessern, sollten Sie sie an Situationen binden, die Sie als unangenehm empfinden, aber denen Sie regelmäßig ausgesetzt sind. So können Sie überprüfen, ob Ihr Gehirn bei Konfrontation bereits selbstständig von der Negativ- auf die Positivwahrnehmung schaltet. Wenn nicht, helfen Sie nach. Üben Sie aktiv 5 bis 10 weitere Swich-Wiederholungen.

Einige Menschen setzen diese Technik nicht allein dazu ein, Ängste zu reduzieren, sondern begegnen mit ihr auch lästigen Angewohnheiten. Der amerikanische Motivationscoach Anthony Robbins beschreibt beispielsweise, wie er sich per Swich das Fingernägelkauen abgewöhnte. Dazu baute er sich ein Negativbild auf, das ihn beim Nägelkauen zeigte. Die Umgebung und die emotionale Wahrnehmung gestaltete er mit den passenden Submodalitäten (dunkel, langsam, verschwommen) besonders unangenehm. Sein Positivbild stattete er dagegen mit angenehmen Submodalitäten aus und darüber hinaus mit Attributen des Erfolges: Er imaginierte ein attraktives, gut gekleidetes Selbstbild mit goldener Rolex und erfolgreicher Attitüde. Diese Person hegte nicht mehr das Bedürfnis, an den Fingernägeln zu knabbern. Es passte schlichtweg nicht zu ihr. Mithilfe der Swich-Technik assoziierte Robbins das Bild des Nägelkauers mit dem Superman-Ich. Nach eigener Aussage hatte er nach 10 bis 20 Wiederholungen seine Marotte ein für alle Mal überwunden.

Woher stammen die genannten Techniken?

Moment of Excellence und *Swich* sind Techniken aus dem Werkzeugkasten des NLP (kurz für Neurolinguistisches Programmieren). Diese Sammlung von Kommunikationstechniken wurde innerhalb des sogenannten Human Potential Movements vom Linguisten John Grinder und dem Psychologen Richard Bandler entwickelt. Die beiden Wissenschaftler beobachteten dazu die drei herausragende Psychotherapeuten Virginia Satir, Fritz Perls und Milton Erickson. Ziel war es, aus den therapeutischen Strategien der Modelle jene Elemente zu isolieren, die ihren Ansatz so erfolgreich machten. Bandler und Grinder entwickelten daraufhin die Theorie, dass unser inneres Erleben sich an unser Sinneserleben anlehnt und untersuchten, inwieweit die Sprachstruktur der Therapeuten sich an den bevorzugten Sinneskanälen der Klienten orientiert bzw. diese identifizieren kann. NLP wurde ursprünglich als Kurzzeit-Therapiemethode entwickelt und vereinte Elemente der Hypnotherapie, Familientherapie und Gestalttherapie. Durch Coaches und Verkaufstrainer, die NLP-Tools zuweilen als Manipulationstechniken anpreisen, nahm das Image der Grundidee in den 1990er Jahren Schaden. Aktuell besinnen sich Coaches und Psychologen wieder auf die heilsamen Kräfte zur Emotionsregulation, die NLP-Methoden beinhalten.

Fehlt mir der Glaube an mich selbst? Dysfunktionale Glaubenssätze identifizieren und ändern

Glaubenssätze sind unsere tiefsten inneren Überzeugungen. Sie prägen unser Verhalten und unser Selbstbild nachhaltig. Wir betrachten sie wie physikalische Grundgesetze und bilden gedankliche Kausalketten auf ihrer Grundlage. Ein positives Beispiel ist die Überzeugung „Ich bin intelligent". Wer sie besitzt, wird Prüfungen als Herausforderung betrachten, weil er sich grundsätzlich in der Lage sieht, Neues lernen zu können und dies bei Bedarf zu demonstrieren. Wer dann überraschend eine schlechte Note kassiert, erleidet keine Selbstzweifel. Denn unsere Glaubenssätze sind fest verankert und halten viel aus. Wer sich grundsätzlich für intelligent hält, führt ein schlechtes Prüfungsergebnis rasch darauf zurück, dass er sich vielleicht nicht diszipliniert genug vorbereitet hat oder aus Unaufmerksamkeit das Thema verfehlt hat. An seiner Überzeugung, intelligent zu sein, ändert dies nichts. So kann er der nächsten Prüfung mit erhöhter Aufmerksamkeit aber einer weiterhin positiven Grundeinstellung gegenübertreten.

Negative Glaubenssätze schaden uns so nachhaltig wie die positiven uns schützen. Wie die unguten Überzeugungen allerdings exakt lauten, wissen wir manchmal gar nicht. Therapeuten identifizieren sie zielgerichtet, indem sie eine innere Wahrheit durch wiederholtes Rückfragen aufdecken.

Erste Hinweise auf unsere Glaubenssätze erhalten wir durch Prinzipien, die wir in den Sätzen *„Ich darf nicht …"*, *„Ich muss …"* oder *„Ich soll (nicht) …"* formulieren. Zuweilen schaffen wir auch Ver- oder Gebote für unsere Mitmenschen, die viel über unseren Glauben an uns selbst verraten.

Stellen Sie sich für ein Gedankenbeispiel eine attraktive Frau vor. Sie ist beruflich erfolgreich und kann deshalb ihre Freizeit nicht hundertprozentig deckungsgleich mit der ihres Lebenspartners koordinieren. Als die beiden ihren Urlaub planen, entdeckt sie bei sich das schwelende Prinzip:

Mein Freund darf nicht ohne mich wegfahren

Das ist noch kein Glaubenssatz. Aber ein sensibler Therapeut könnte mit wiederholtem Nachfragen leicht offenbaren, was das eigentliche Problem der jungen Frau ist:

„Was könnte denn passieren, wenn Ihr Freund allein in den Urlaub fährt?" würde er sie fragen.

„Er könnte dort andere Frauen kennenlernen"

„Und was passiert, wenn er andere Frauen kennenlernt?"

„Dann findet er vielleicht eine davon schöner und charmanter als mich!"

„Und was passiert, wenn dem so wäre?"

„Dann verlässt er mich!"

„Und was passiert dann?"

„Dann finde ich nie wieder einen anderen Mann!"

„Und warum?"

„Weil mich einfach keiner lieben kann! Weil ich einfach nicht liebenswert bin!"

Die Fragen *„Was könnte passieren?"* oder *„Was passiert dann?"* eignen sich hier gut, um negativen Grundeinstellungen zur eigenen Person auf die Spur zu kommen. Im Gespräch mit einem Therapeuten neigen wir dazu, mit dem Worten *könnte* zu kaschieren, dass wir uns eigentlich bombensicher über unsere eingebildeten Defizite sind.

Versuchen Sie es selbst. Untersuchen Sie Ihre Einstellung zu Beziehung, Job und Familie auf Prinzipien, die einen Zwang postulieren. Etwa *„Ich muss freundlich zu meinen Kollegen sein!"*, *„Ich muss Rücksicht auf meinen Partner nehmen!"* oder *„Ich muss immer gut aussehen!"*

Fragen Sie sich selbst ganz provokant, was passieren würde, wenn Sie dieser Devise einmal nicht folgen. Zeigen Sie sich nicht befriedigt von der Antwort, sondern bohren Sie weiter nach, um zu erfahren, welcher Glaubenssatz dahintersteckt. Vielleicht kommen Sie nach einem Hin und Her der inneren Fragen und Antworten auch auf die unterschwellige Überzeugung, nicht schön, schlau oder leistungsfähig genug zu sein. Das ist Ihre persönliche Achillesferse. Und zwar nicht, weil der Glaubenssatz der objektiven Wahrheit entspräche, sondern weil Sie aus ihm logische Schlussfolgerungen ziehen und sich in Ihren Entscheidungen beeinflussen lassen.

Wie kann ich negative Glaubenssätze überwinden?

Coaches nutzen vornehmlich zwei Techniken, um ihre Klienten von negativen Glaubenssätzen zu befreien: den logischen Disput und den hedonistischen Disput. Beginnen wir mit Logik. Das bedeutet nichts anderes, als dass Sie Ihren Glaubenssatz aktiv hinterfragen und etliche Beispiele sammeln, die ihn als Irrtum kennzeichnen. Sie glauben, nicht leistungsfähig genug zu sein? Denken Sie über alle Erfolge nach, die Sie in den vergangenen Jahren erringen konnten. Erinnern Sie sich an Begebenheiten, in denen Ihnen andere

Menschen höchsten Respekt für Ihre Leistungen entgegengebracht haben. Denken Sie dennoch an „Beweise" für Ihre mangelnden Leistungen? Zum Beispiel schlechte Noten oder eine unsachliche Kritik vom Chef? Überlegen Sie, ob es nicht andere Erklärungen dafür geben könnte als Ihre mutmaßliche Inkompetenz. Vielleicht haben Sie das Thema einer Prüfung einfach deshalb verfehlt, weil Sie im Vorfeld durch familiären Stress abgelenkt waren? Vielleicht war Ihr Chef am fraglichen Tag einfach schlecht gelaunt, weil er sich mit seiner Ehefrau gestritten hat, und hat seinen Frust an Ihrer Leistung ausgelassen? Werden Sie zum kritischen Anwalt, nehmen Sie Ihre Negativüberzeugungen ins Kreuzverhör und demontieren Sie sie Stück für Stück.

Manchen Menschen liegt Detailversessenheit und Logik nicht. Wenn Sie zu den impulsiveren Charakteren gehören, hilft Ihnen vielleicht eher der hedonistische Disput beim Überwinden Ihrer dysfunktionalen Glaubenssätze. Vergegenwärtige Sie sich hierbei in erster Linie Ihre größten Wünsche. Wie stehen Ihre Glaubenssätze diesen im Weg? Vielleicht möchten Sie sich gern beruflich selbstständig machen, halten Ihre Leistungen aber für unterdurchschnittlich. Wer aber kauft Produkte und Dienstleistungen, die keine Qualität aufweisen? Wenn Sie also bei Ihrem Glaubenssatz bleiben, ist der Traum Ihrer Selbstständigkeit von vornherein zum Scheitern verurteilt. Erliegen Sie nicht dem Irrtum, dass Sie sich an objektiv bewertbaren Größen orientieren könnten. Sind colahaltige Erfrischungsgetränke tatsächlich ein qualitätvolles Produkt? Daran kann man durchaus zweifeln. Immerhin sind sie überzuckert, kalorienreich und von gewöhnungsbedürftiger brauner Farbe. Dass Cola ein Verkaufsschlager ist, begründet nicht die Produktqualität, sondern die selbstbewusste und marketingtechnisch intelligente Präsentation. Wenn Sie sich selbstständig machen wollen, sollten Sie sich also nicht mehr auf Ihren hinderlichen Glaubenssatz fixieren, sondern stattdessen über eine Präsentation nachdenken, die überzeugt. Hier heiligen die Mittel durchaus den Zweck und Sie sollten Ballast in Form schädlicher Überzeugungen rücksichtslos über Bord werfen.

Säule 4: Hilfe annehmen - Sozialkompetenz und Netzwerkorientierung

„Freunde machen das Glück strahlender und erleichtern das Unglück", erkannte schon der römische Politiker Cicero vor rund 2000 Jahren. Dass der Inhalt der Aussage auf biologischen Fakten beruht, entdecken Forscher aktuell: Bislang steht fest, dass Beziehungen unser Stresslevel merklich verringern. Das gilt sowohl für akut belastende Situationen, in denen uns Freunde zur Seite stehen, als auch für lange Beziehungen als Stabilisator des Lebensweges. So ist das soziale Netzwerk besonders ab einem gewissen Lebensalter einer der entscheidenden Faktoren zum gesunden Leben. Wer mit Freunden seine Zeit verbringt, sich auch hin- und wieder mal umarmt oder mit Schulterklopfen seine Anerkennung ausdrückt, dessen Cortisol-Spiegel sinkt signifikant. Gleichsam gestaltet sich auch eine akute Belastungs-Situation wie ein öffentlicher Vortrag vor einem freundlich gesinnten Publikum wesentlich weniger angsteinflößend als vor kritischen Zuschauern. Wohlgemerkt: Die Leistung eines Referenten verbessert sich durch freundliche Gesichter nachweislich nicht, sondern leidet eher in ihrer Qualität.[30] Aber die Präsenz von Menschen, die uns Gutes wollen, lässt uns einfach besser fühlen. Kein Wunder also, dass unsere soziale Anpassungsfähigkeit und unsere Netzwerkorientierung als zentrale Faktoren für Resilienzfähigkeit gelten.

Bereits Emmy Werner stellte bei den Kindern von Kauai fest, dass zumindest eine feste Beziehung Kleinkindern die entscheidende Hilfestellung geben kann, um im späteren Leben besser zurechtzukommen. Doch auch im Erwachsenenalter können wir auf Familie, Freunde und wohlgesonnene Personen in der Arbeitswelt nicht verzichten, wenn wir unserer Seele die besten Bedingungen für eine latente Widerstandskraft bieten wollen. So gilt eine

30 Butler JL, Baumeister RF. The trouble with friendly faces: skilled performance with a supportive audience. J Pers Soc Psychol. 1998 Nov;75(5):1213-30. PubMed PMID: 9866184

funktionierende Ehe als einer der besten Garanten, im Alter gesund zu bleiben. Gerade verheiratete Männer leiden im Durchschnitt seltener unter Bluthochdruck und Herz-Kreislauf-Erkrankungen als allein Lebende. Doch dieser Vorteil haftet nur den befriedigenden Beziehungen an. Es gibt keinen Grund, nur zusammenzubleiben, weil man die Herausforderungen eines Lebensumbruchs scheut.

Insbesondere im Seniorenalter wirken sich unbefriedigende Beziehungen nämlich weit fataler aus als in jüngeren Jahren. Hierzu untersuchten Soziologen der Michigan State University insgesamt 1200 Paare im Alter zwischen 57 und 85 Jahren.[31] Ihr Fazit: Noch stärker als eine gute Ehe der Gesundheit nützen kann, schadet eine schlechte Beziehung dem Körper. Unglücklich Verheiratete haben ein höheres Risiko für Schlaganfälle und Herzinfarkte und haben einen durchschnittlich höheren Blutdruck sowie ein höheres Level des Entzündungswerts CRP. Besonders hart treffen die gesundheitsbelastenden Folgen anhaltender Streitigkeiten und ungerechtfertigter Kritik dabei die Frauen in der Beziehung.

Während jung Verheiratete relativ häufig in Paartherapien anzutreffen sind, sprechen ältere Menschen ihrer Ehe zuweilen allein deshalb einen Wert zu, weil sie bereits lange währt. Doch auch in Beziehungen, die auf die Silber- oder Goldhochzeit zusteuern, sollten sich die Partner immer wieder um die Qualität der Beziehung bemühen, damit sie beiden Partnern physisch und psychisch zuträglich ist.

Sich um andere zu kümmern, macht glücklich

Neben den praktischen Hilfeleistungen, die wir durch unser soziales Umfeld erhalten, zählt auch das bloße Bewusstsein, in einer Gemeinschaft aufgehoben zu sein. Doch noch ein Faktor ist

31 Liu H, Waite L. Bad marriage, broken heart? Age and gender differences in the link between marital quality and cardiovascular risks among older adults. J Health Soc Behav. 2014 Dec;55(4):403-23. doi:10.1177/0022146514556893. PubMed PMID: 25413802

entscheidend: Wenn wir altruistisch handeln und anderen helfen, wird unsere Psyche ebenfalls gestärkt. Hilfsbereitschaft scheint uns in den Genen zu liegen und ist bereits bei Kleinkindern zu beobachten. Da ein gewisser Altruismus bei unserer Evolution unverzichtbar war und zu einem grundlegenden Baustein der menschlichen Gesellschaft wurde, hat er sich auch in unseren Hirnstrukturen niedergeschrieben: Forscher entdeckten, dass Geschenke zu machen Glückshormone ausschüttet. Sie ließen ihre Probanden bei einem Spiel kleine Geldbeträge gewinnen und maßen deren Reaktionen, wenn sie den Gewinn für sich behielten oder wenn sie einen Teil des Geldes verschenkten. Bein Verschenken stiegen zumindest bei den weiblichen Probandinnen die Glückshormone Dopamin und Serotonin an, während gleichzeitig auch eine Erhöhung des Oxytocin-Spiegels beobachtet wurde. Dieses Hormon ist beim Menschen für ein wohliges Gefühl der Nähe und Bindung verantwortlich und wird verstärkt bei frischgebackenen Müttern produziert oder bei Liebenden, die häufig Körperkontakt suchen.

Emotionen färben ab

Wer sich täglich mit Menschen aus dem Freundes- und Kollegenkreis umgibt, sollte achtsam sein, wie deren Stimmung ausfällt. Wissenschaftler konnten mit einem mathematischen Modell belegen, dass das emotionale Profil, welches in einer Gruppe vorherrscht, mit der Zeit auf sämtliche Mitglieder abfärbt wie eine biologische Infektion. Gefühle sind also nachgewiesenermaßen ansteckend.[32] Das kann sehr heilsam sein. Etwa wenn Sie sich im Anschluss an belastende Situationen in einer fröhlichen Gruppe von Freunden entspannen. Aber die Infektiosität von Emotionen birgt gleichermaßen Gefahren: Wenn die Menschen in Ihrem Umfeld schlecht mit Stress umgehen können und ihn vor allem dadurch abreagieren,

32 Hill AL, Rand DG, Nowak MA, Christakis NA. Emotions as infectious diseases in a large social network: the SISa model. Proc Biol Sci. 2010 Dec 22;277(1701):3827-35. doi: 10.1098/rspb.2010.1217. Epub 2010 Jul 7. PubMed PMID: 20610424

ihre negativen Gefühle zu verbalisieren, nimmt auch Ihr seelisches Gleichgewicht langsam Schaden. Wer sich mit Menschen umgibt, die in Arbeit, Ehe, Politik und Finanzen stets nur die Belastungen sehen und diese gern wortreich darlegen, wird schnell selbst zum Nörgler.

Seien Sie aus diesem Grund sensibel, wenn Sie in Ihrem Umfeld eine allgemeine Tendenz zu negativen Gefühlsäußerungen beobachten. Nicht, dass Sie nicht dem Einzelnen dabei helfen sollten, seine persönlichen Probleme anzugehen, wenn Sie guten Rat wissen. Sollten Sie sich doch in einer Gruppe auf verlorenem Posten fühlen, weil alle anderen Sie gern überzeugen möchten, dass Ihre Sicht der Dinge einfach zu rosig ist, sollten Sie in Erwägung ziehen dieses Umfeld zu verlassen. Das ist leichter gesagt als getan, wenn es sich beispielsweise um den direkten Kollegenkreis handelt. Doch genau diese Fälle sind eine intensive Überlegung wert und sollten bei Bedarf mit einem Berater diskutiert werden, damit Sie nicht dauerhaft in eine seelische Stress-Situation geraten, die gar nicht auf Ihren eigenen Emotionen beruht.

6 Tipps – So stärken Sie Ihre soziale Kompetenz

In Schule, Berufsausbildung oder Studium muss man sich über das Finden von Freunden keinen Kopf machen – hier treffen sich junge, kontaktfreudige Menschen mit ähnlichen Interessen und begrenzten Problemen. Freundschaften entstehen quasi nebenbei und werden gern beibehalten, selbst wenn das Leben die Freunde an unterschiedliche Orte verschlägt. Im späteren Leben ist der Aufbau von fruchtbaren Beziehungen hingegen schwieriger. Hier ist jeder einzelne mit Karriere, Kindern und Lebensplanung beschäftigt und befindet sich mit dem Gegenüber zuweilen auch in direkter Konkurrenz um den Arbeitsplatz. Für die Pflege von Freundschaften bleibt weniger Zeit und Menschen gelangen nicht mehr automatisch an

Orte, an denen sich viele Gleichgesinnte tummeln. Umso wichtiger, dass Sie Ihr soziales Netzwerk stärken, indem Sie auch in kleinen Situationen des Alltags, beim beruflichen Networking oder bei Kontakten in Ihrer Nachbarschaft soziale Kompetenz beweisen. Gute „Social Skills" sind heutzutage nicht nur bei Personalmanagern beliebt, sondern steigern die Belastbarkeit Ihres Umfelds. Wer beliebt ist, hat in Notsituationen mehr Anlaufstellen, um auch einmal um Hilfe zu bitten. Und nebenbei kann es passieren, dass aus der einen oder anderen flüchtigen Bekanntschaft eine lebenslange Freundschaft erwächst.

Zeigen Sie Anerkennung!

Kritik geht uns immer leicht über die Lippen – Äußerungen der Anerkennung schlucken viele Menschen unausgesprochen herunter. Und das häufig ohne erkennbaren Grund. Wenn Sie finden, dass ein Kollege jüngst etwas Herausragendes geleistet hat, dass die Zahnarzthelferin einen besonders attraktiven neuen Haarschnitt trägt oder dass Ihr Partner das Abendessen besonders schmackhaft für Sie beide zubereitet hat – sprechen Sie es aus! Manchmal ist es verwunderlich, wie viel uns eigentlich positiv und angenehm ins Auge fällt, ohne dass wir es äußern. Doch erst durch ein Kompliment erlangt unsere positive Meinung über die Taten unseres Gegenübers auch Relevanz und soziale Wirkung. In dieser Hinsicht ähnelt der Mensch nämlich stark seinem besten Freund mit der kalten Schnauze – dem Hund. Wer einen fähigen Hundetrainer beobachtet, ist beeindruckt davon, wie leicht er selbst ein als schwierig geltendes Tier mit Lob und Zuspruch als Haupt-Motivationshilfe dazu bringt, ihm zu folgen. Bei Menschen verhält es sich nicht anders: Anerkennung ist eine unserer stärksten Drogen und wenn wir sie vorausahnen, sind wir bereit, über unsere Grenzen zu gehen. Dieser Kraft der positiven Motivation bedienen sich auch viele erfolgreiche Unternehmer, wenn es um ihre Mitarbeiter geht. Das heißt jedoch nicht, dass Sie in Ihrem sozialen Umfeld Schmeichelei im Überfluss verteilen sollten. Schließlich merken es intelligente

Menschen schnell, wenn ihnen der sprichwörtliche Honig ums Maul gestrichen wird. Ihre Anerkennung sollte stets authentisch sein, dann tut sie ihre größte Wirkung.

Nehmen Sie Komplimente an!

Das ist die andere Seite der Medaille: Nicht nur, dass Menschen Anerkennung gern unausgesprochen lassen – sie haben es auch nicht gelernt, Komplimente anzunehmen und sich ehrlich darüber zu freuen. Wann hat Ihnen das letzte Mal jemand gesagt, dass Sie etwas besonders gut gemacht hätten? Wie haben Sie darauf reagiert? Mit einem abwertenden: *„Ach, das war doch nichts Besonderes"* oder einer wegwerfenden Handbewegung? Wenn ja, warum? Als Kind haben viele Menschen noch vermittelt bekommen, sich selbst nicht so in den Mittelpunkt zu rücken. *„Eigenlob stinkt!"* – diesen Spruch kennen zumindest noch viele Menschen, die in den 1980ern zur Welt kamen. Eine vermeintlich bescheidene Haltung treibt uns im Erwachsenenalter dann häufig dazu, unsere eigenen Leistungen anders zu bewerten als die unserer Mitmenschen.

Wo wir einem Kollegen Anerkennung zollen, sind wir bei uns selbst eher kritisch und verlangen mehr. Diese Haltung treibt uns auch dazu, Komplimente abzulehnen. Doch das ist unfruchtbar für beide Seiten. Denn schließlich will auch der Kompliment-Geber, dass Sie sein Lob als solches wahrnehmen. Trauen Sie sich daher, sich authentisch zu bedanken. Wenn Ihnen dies unpassend erscheint, pflichten Sie dem Lobenden zumindest im Kleinen bei. Sie können schließlich auch finden, dass Ihnen das eine oder andere Detail des gelobten Projektes gut gelungen ist. Hüten Sie sich in diesem Sinne auch vor paranoiden Gedanken. Viele Menschen wähnen hinter Komplimenten versteckte Absichten oder befürchten gar, der Lobende meine in Wirklichkeit das Gegenteil von dem, was er sagt. Solche Gedanken schaden nur Ihnen. Trauen Sie sich: Nehmen Sie Komplimente vollständig an und genießen Sie die Anerkennung.

Gehen Sie sparsam und konstruktiv mit Kritik um

Nicht dass Ihre Mitmenschen keine Fehler begehen würden – im Gegenteil. Täglich kollidieren Interessen und widersprechen sich die Auffassungen, wie man einem Sachverhalt am klügsten begegnet. Doch mit ungefilterter Kritik ändern Sie kaum etwas an Ihrem Umfeld. Denn kaum ein Mensch ist in der Lage, mit kritischen Äußerungen bezüglich seiner Handlungen umzugehen. Die meisten weisen Anschuldigungen weit von sich und gehen schnell zum Gegenangriff über. Ob es sich um Beziehungsstreits oder Konflikte im Beruf handelt – die Regeln sind dabei dieselben, denn wir Menschen werden in allen Lebensbereichen von denselben Emotionen geleitet. Kritik schädigt eine Beziehung nachhaltig und mindestens so lange, bis wir sie durch Anerkennung wieder ausgleichen. Und dabei fällt der Wechselkurs zu Ungunsten der Komplimente aus: Laut Studien sind 5 bis 7 lobende Äußerungen notwendig, um eine kritische Aussage im Bewusstsein des Adressaten wieder auszubügeln. Bei allem Reden von flachen Hierarchien im Beruf und Offenheit in der Beziehung ist die menschliche Seele eben doch ein zartes Pflänzchen, wenn ihr jemand offen seine Anerkennung entzieht.

Überlegen Sie deshalb dreimal, bevor Sie jemandem – womöglich impulsiv und ärgerlich – Ihre Missachtung zeigen. Natürlich haben Sie Gründe, über einen vermeintlichen Fehler Ihres Gegenübers aufgebracht zu sein, doch auch die andere Person hatte ihre eigenen Motive für ihr Handeln. Versuchen Sie zunächst, die Beweggründe Ihres Gegenübers nachzuvollziehen. Eventuell auch in einem Gespräch, wenn Sie sich zutrauen, dabei ruhig zu bleiben. Erfahrungsgemäß verraucht der erste Ärger schnell, wenn man in Ruhe darüber nachdenkt und eine Nacht darüber verstreichen lässt.

Bei Kleinigkeiten in der Beziehung ist ein derart gebremstes Verhalten eher praxisfern. Wenn der Partner oder die Kinder vergessen haben, den Müll rauszubringen, die Einkäufe zu erledigen oder gar etwas zu Bruch gegangen ist, gehen den meisten Menschen Worte des Ärgers schnell über die Lippen. Doch Sie sollten sich bewusst machen, dass wir niemanden so schnell und so bereitwillig kritisieren, wie die Menschen unserer intimen Umgebung.

Warum eigentlich? Wahrscheinlich, weil wir meinen, an unsere Ehepartner und Familienmitglieder die höchsten Ansprüche stellen zu dürfen. Doch hier liegt ein Denkfehler. Denn wenn Sie sämtliche Pflichten und Aufgaben, die ein reibungsloses Zusammenleben gewährleisten sollen, zur Selbstverständlichkeit degradieren und jedes Nichterfüllen kritisch bemerken, schaffen Sie unwillkürlich eine kämpferische Atmosphäre. Ansprüche an Beziehungen zu hegen, ist nicht von vorn herein falsch – doch jede einzelne Gelegenheit, bei der Ihr Gegenüber diesen Ansprüchen entspricht, bleibt immer ein Anlass zum „Danke" sagen – selbst nach 15 Jahren Ehe.

Um keinen Zündstoff in Ihrem privaten und beruflichen Umfeld zu verteilen, beherzigen Sie positive Kommunikationsregeln und vermeiden Sie die schlimmsten verbalen Stolpersteine:

Generalisierung

„Nie machst Du ..." und *„Immer muss ich Dir ..."* sind Satzanfänge, mit denen Ihr Gegenüber sofort in die Defensive gedrängt wird und sich wehren will. Versuchen Sie deshalb, bei Konflikten lieber ganz konkrete einzelne Ereignisse anzusprechen und generalisierende Formulierungen zu vermeiden.

Du-Aussagen

Sprechen Sie nicht in der Du- oder Sie-Form darüber, was Ihr Gegenüber Ihrer Meinung nach falsch gemacht hat. Stattdessen sollten Sie Ich-Botschaften verwenden, die beschreiben, wie Sie einen bestimmten Sachverhalt empfinden. Betonen Sie, dass Sie dabei von Ihrem subjektiven Gefühl sprechen und der Gesprächspartner wahrscheinlich nicht beabsichtigt hatte, Sie zu verärgern.

Nonverbale Abwertung

Stirnrunzeln, Augenrollen, verächtliches Prusten und wegwerfende Handbewegungen bringen Ihren Gesprächspartner garantiert auf die Palme. Versuchen Sie stattdessen, in Gestik und Mimik positiv und offen zu bleiben.

Mit Kritik sparsam umzugehen, heißt nicht, sich alles gefallen lassen zu müssen. Manchmal sollten Sie, statt ewig zu diskutieren, lieber eine sorgfältige Auswahl treffen, mit wem Sie sich umgeben:

Belastende Beziehungen beenden

Nicht jede Beziehung in unserer Familie und unserem weiteren Umfeld erweist sich als Kraftspender. Es gibt nicht selten familiäre Konstellationen, die von schwelenden Konflikten gekennzeichnet sind, oder sogenannte Freunde, die nur nehmen und niemals geben. Anerkennung zeigen, nur konstruktiv kritisieren – all diese Regeln zeigen sich in unausgewogenen oder belasteten Beziehungen manchmal als vergebene Liebesmühe. Doch eine Beziehung nur deshalb aufrecht zu erhalten, weil die betreffende Person eben zur Familie gehört oder weil man sie bereits seit vielen Jahren zum Freundeskreis zählt, ist kein gutes Argument. Denn spannungsreiche Beziehungen können unserer Gesundheit durch die ständigen Negativgefühle messbar schaden.

Wer ständig Kritik ausgesetzt ist, dessen Blutdruck steigt und dessen Körper zeigt erhöhte Entzündungsreaktionen. „*Du machst mich krank*“, ist deshalb nicht nur ein Bild für innere Ablehnung, sondern eine wissenschaftliche Wahrheit.

Menschen, die bereits durch einen Schicksalsschlag gehen mussten, haben es mit der Auswahl ihrer Freunde oft leichter als diejenigen auf der Sonnenseite des Lebens. Wer sieht, wie zerbrechlich das Leben ist, hat im Anschluss weniger Skrupel, Energiefresser im Umfeld einfach auszusortieren. Darüber hinaus merken Sie gerade in Krisenzeiten schnell, wer wirklich zu Ihnen steht.

Setzen Sie deshalb negativen Menschen in Ihrem Umfeld Grenzen. Das Prinzip „Sparsam mit Kritik umgehen" soll nicht darin gipfeln, dass Sie für jeden Angriff und jede Missachtung in Ihrem Umfeld eine Entschuldigung finden. Stattdessen sollten Sie dann und wann die Beziehung im Ganzen bilanzieren: Wenn Sie das Gefühl haben, nur ausgenutzt oder ständig ungerechtfertigt angegriffen zu werden, sollten Sie den Kontakt abbrechen. Bei einem Lebenspartner würden Sie in einem solchen Fall früher oder später eine Trennung anstreben. Freunde, Tanten, Cousins und Kollegen sollten hier keine größere Rücksichtnahme erwarten dürfen.

Sagen Sie Nein aber seien Sie zuverlässig

Beziehungen und Netzwerke bedeuten immer auch das Eingehen von Verpflichtungen. Hier erliegen viele Menschen dem Irrtum, dass sie sich besonders beliebt machen, wenn sie versuchen, allen Anliegen ihrer Mitmenschen hilfsbereit zu begegnen. Dieser überhöhte Anspruch endet schnell in Überforderung. Wenn Sie etlichen Projekten und Personen Ihre Unterstützung zusagen, wird Ihr Terminplan bald so überlaufen sein, dass Sie zwangsweise Verabredungen absagen müssen oder gar im Stress getroffene Abmachungen völlig vergessen. Ungerechterweise wiegt für Außenstehende ein solcher Bruch der Verlässlichkeit schwerer als Ihre Intention, es eigentlich allen recht machen zu wollen.

Setzen Sie deshalb Ihre Hilfsangebote wohl dosiert ein. Wer in der Vergangenheit auf Sie zählen konnte, darf das nicht als unbefristete Hilfs-Garantie in alle Zukunft begreifen. Wenn Sie keine Zeit haben, sollten Sie Anfragen respektvoll ablehnen und dem Fragenden verständlich machen, dass Sie ihn nicht enttäuschen wollen, indem Sie versuchen, einem unrealistischen Zeitplan zu folgen. Sagen Sie jedoch eine Verabredung zu, sollten Sie 100-prozentige Verlässlichkeit beweisen. Auf diese Weise schonen Sie Ihre Kraftressourcen und steigern Ihr Image als hilfreicher Part eines sozialen Netzwerks.

So wirken Sie in Kontaktsituationen sympathisch

Partys und Netzwerkveranstaltungen bieten in privaten und beruflichen Kreisen Möglichkeiten, viele Menschen kennenzulernen. Und dieser Kontakt zahlt sich aus. Im Beruf mit der Chance, gewonnene Beziehungen positiv zu nutzen, und im Privaten mit dem Teilen von Erfahrungen. Schließlich bieten uns sämtliche Menschen, die wir treffen, auch Referenzerlebnisse für unseren eigenen Lebensweg. „*Wenn Paul und Clara das geschafft haben, kann ich es auch*", ist eine Feststellung, die Lebensentscheidungen leichter macht, als sich auf etwas vollkommen Unbekanntes einzulassen. Je größer Ihr Bekanntenkreis ist, desto größer auch die Chance, wenn es darauf ankommt, jemanden unter den Freundesfreunden zu finden, der in bestimmten Belangen Rat weiß. Auch das vermittelt ein Gefühl von Sicherheit.

Wenn Sie sich auf lockeren Kontaktveranstaltungen tummeln, sollten Sie vor allem angenehm wirken und einen sympathischen Eindruck hinterlassen. Dabei helfen Ihnen generell die folgenden Regeln:

- Nehmen Sie im Gespräch Blickkontakt auf. Laut Studien mögen die meisten Menschen einen Augenkontakt von 3,3 Sekunden. Längere fixierende Blicke wirkt offensiv.

- Wecken Sie Sympathie durch eine offene Körperhaltung. Verschränkte Arme oder ein körperliches Abwenden suggerieren dagegen, dass Sie keinen Kontakt wünschen.

- Lächeln Sie. Eine Faustregel lautet, dass sich Menschen innerhalb der ersten 7 Sekunden eine Meinung von ihrem Gegenüber bilden. Wenn Sie mit positiver Mimik auf Menschen zugehen, gewinnen Sie ihre Sympathie unmittelbar.

- Hören Sie zu. Ernstgenommen zu werden und interessant zu sein, sind Grundbedürfnisse jedes Menschen. Wenn Ihr Gegenüber etwas zu erzählen hat, hören Sie interessiert zu und fragen Sie nach.

- Bleiben Sie authentisch. Sich zu verstellen hält niemand lange aus und das Gegenüber spürt die verkrampfte Schwingung. Daher dürfen Sie ruhig respektvoll äußern, dass Sie anderer Meinung sind als Ihr Gesprächspartner oder dass Sie etwas nicht nachvollziehen können. Mit einer authentischen Haltung verschaffen Sie sich Fassbarkeit und Respekt.

Säule 5: Ziele und Visionen

Ein Merkmal, das bei der Definition von Resilienz stets mit von der Partie ist, ist das Zielen in die individuelle Zukunft. Dabei geht es in erster Linie um mittel- und langfristige Ziele, die Sie klug planen sollten. Warum Menschen mit festen Zielen sich als resilienter erweisen als Personen, die einfach in den Tag leben, ist nicht vollständig geklärt. Unter Umständen dienen Ziele als Kompass, der auch in schwierigen Zeiten eine Richtung vorgibt. Oder zielbewusste Menschen haben generell auch in der Vergangenheit mehr persönliche Erfolge vorzuweisen und empfinden eine höhere Selbstwirksamkeit als reaktive Charaktere.

Wie Ihre persönlichen Visionen aussehen könnten, haben wir bereits im Kapitel über Selbstwirksamkeit angesprochen. Für die meisten Menschen bestehen Visionen in Entscheidungen, die sie beim Fazit des Lebens bedauern würden, nicht getroffen zu haben. Wenn Sie sich also darüber klar werden wollen, *was* Sie eigentlich wollen, stellen Sie sich vor, über welche verpasste Gelegenheit Sie sich auf Ihrem Sterbebett wirklich ärgern würden. Diese Methode ist makaber aber wirksam.

Ziele konstruktiv formulieren

„Ich will einmal einen Roman schreiben“, *„Ich will einen Marathon laufen“*, *„Ich will Japanisch lernen“* – all das formuliert denkbare Erfolge, die auf Ihrer ganz persönlichen Lifetime-To-Do-Liste stehen könnten. All diese Vorsätze sind jedoch auch prädestiniert dazu, bis in alle Ewigkeit aufgeschoben zu werden. Warum? Weil sie als Ziele einfach ungünstig formuliert sind. Auch schwammige Formulierungen, wie *„im Job endlich weniger Stress zu haben“* oder *„mehr für sich selbst zu tun“*, fallen in diese Kategorie. Diese Träume sind einfach zu vage, als dass Sie sich energisch an ihre Verwirklichung machen könnten.

Dass wir unsere Ziele derart ungenau formulieren, ist keine Unachtsamkeit, sondern hat psychologische Gründe. Insbesondere Perfektionisten sind fixiert auf Ergebnisse und träumen von Zuständen, die ihre Idealvorstellungen geradezu übererfüllen. *„Ich will dieses Jahr mehr Sport machen“* heißt bei ihnen eigentlich *„Ich will den Iron-Man absolvieren“*, *„Ich will einen Körperfettanteil von 3 Prozent erreichen“* oder *„Ich will beim Yoga einen Schlangenmenschen vor Neid erblassen lassen“*. *Wie* diese Ziele aber erreicht werden könnten, bleibt dabei im Dunkeln. Lieber gibt man sich der Fantasievorstellung hin, man könnte in 6 Monaten an den Olympischen Spielen teilnehmen, anstatt sich zu vergegenwärtigen, wieviel Blut, Schweiß und Tränen dafür im Detail nötig sind.

Vage Ziele sind nichts als Wunschträume. Auch die haben manchmal ihren Sinn. Denn Sie schützen vor Niederlagen, indem sie wahrscheinlich nie in die Realität umgesetzt werden. In der Biografie tauchen sie dann als ungewählte Möglichkeiten auf, wie etwa: *„Ich wollte ja eigentlich noch einmal studieren, aber dann wurde ich schwanger“*. Andere Menschen, Lebensumstände und der pure Zufall werden dafür zur Verantwortung gezogen, dass die einst so wichtig genommenen Ziele nie erreicht wurden. Ein Ziel, dass so vage formuliert wird, bis das Leben sein Erreichen unmöglich macht, wollte der Betreffende vielleicht nie wirklich realisieren. Was Menschen wichtig ist, gehen sie dagegen aktiv an – egal, ob die ersten Schritte schmerzen oder Spaß machen.

Ist auch der Rückschluss erlaubt? Sind Ziele, die Sie bislang nicht erreichen konnten, Ihnen einfach nicht wichtig genug? Um das herauszufinden, sollten Sie dem Ziel die beste Chance auf Realität geben. Einfach, indem Sie es klug und konkret formulieren. Coaches nutzen dafür häufig eine Methode namens „SMART zielen“. Sie formuliert ein Ziel konkret, gliedert es in gangbare Schritte und kontrolliert regelmäßig das Vorankommen. Erlangen Sie Übung darin, Ziele smart zu formulieren, können Sie dieses Werkzeug sowohl auf kleine Projekte im Job als auch auf große Lebensziele anwenden. Bei einem Vorhaben, bei dem Sie trotz SMART-Methode immer noch keinen Schritt vorankommen, liegt das höchstwahrscheinlich an tieferen Konflikten.

Im Folgenden wird die SMART-Methode am profanen Beispiel erklärt *„endlich mal wieder mehr Sport machen“* zu wollen.

SMART ist eine Abkürzung für die Kriterien, die ein wohlgeformtes Ziel erfüllen sollte.

Es steht für

S wie spezifisch
M wie messbar
A wie attraktiv
R wie realistisch
T wie terminiert

Bezogen auf das Ziel „mehr Sport machen“, könnte eine smarte Zielformulierung folgendermaßen aussehen:

Spezifischer als Sport ist Ihre persönliche Favoriten-Sportart, z.B.: Joggen, Reiten, Ski oder Schwimmen. Vielleicht wollen Sie eine ehemals praktizierte Sportart wieder aufleben lassen, vielleicht auch eine ganz neue erlernen. Eventuell lautet das Ziel auch, endlich einmal eine Sportart zu finden, die Ihnen hundertprozentig liegt. Angenommen, Sie sind ein leidenschaftlicher Jogger, dann liegt der Fall klar. Aber nicht ganz so klar, wenn man sich die Formulierung „mehr Sport“ ansieht. Denn hier fehlt wieder die Spezifikation. Was bedeutet „mehr“ für Sie? Streben Sie eine Teilnahme am Stadtlauf an oder möchten Sie dauerhaft ein regelmäßiges Pensum von X Einheiten pro Woche absolvieren? Auch hier sollten Sie Ihr Ziel möglichst konkret, am besten in Zahlen (Kilometer, Zeiten und Einheiten) formulieren.

Damit wird das Verfolgen Ihres Ziels auch **messbar**, was dem zweiten Kriterium guter Ziele entspricht: Ob Sie Ihr Ziel erreicht haben, können Sie schließlich an Uhr und Kilometerzähler ablesen. Doch Messbarkeit bietet nicht nur eine exakte Definition des Ziels, sondern hilft auch beim Zergliedern in Einzelschritte. Wer als Jogginganfänger noch nicht fünf Minuten lang durchhält, jedoch einen Dauerlauf von einer Stunde anstrebt, wird einsehen, dass er sein Ziel nur über konsequente Steigerung erreichen kann. Auch die Steigerung ist messbar. Sie können also jederzeit überprüfen, ob Sie weiterhin auf Zielkurs bleiben.

Ist Ihr Ziel **attraktiv**? Im ersten Moment werden Sie das sicher bejahen – wieso sollten Sie es sonst erreichen wollen? Allerdings verfolgen mehrere Menschen oft ein und dasselbe Ziel aus den unterschiedlichsten Gründen. Bei der Frage, was Sie am Erreichen eines Ziels attraktiv finden, kommen Ihre grundlegenden Motive zum Vorschein: Wollen Sie joggen, um Gewicht zu verlieren? Vielleicht haben Sie ein Bild von Ihrem durchtrainierten Körper vor Ihrem inneren Auge und glauben, dass Jogging der beste Weg dahin ist. Oder wollen Sie eher Laufen, um nach Feierabend den Kopf freizubekommen, ohne dabei aus der Puste zu geraten? Vielleicht besitzen Sie bereits Erfahrung damit, wie gut Sie beim Laufen abschalten können und wie wohl und motiviert Sie sich im Anschluss daran fühlen. Dann ist die Sportart um ihrer selbst willen attraktiv für Sie. Bestimmen Sie genau, was die Attraktivität eines Ziels für Sie ausmacht. Sollte eventuell ein weiteres Ziel auf einer höheren Ebene dahinterliegen (wie das Abnehmen beim Joggen), überlegen Sie kritisch, ob es eventuell noch eine effektivere Methode gibt, um Ihr eigentliches Ziel zu erreichen und formulieren Sie auch diese SMART.

Realistisch sollten Ziele sowohl in ihrer großen Anlage wie auch in ihren Einzelschritten sein. Wenn Sie jetzt über 50 Jahre alt sind, werden Sie höchstwahrscheinlich nicht mehr Olympiateilnehmer beim 100-Meter-Lauf. Dagegen spricht Ihr Alter nicht dagegen, dass

Sie ein erfolgreiches und viel beachtetes Buch schreiben. Schauen Sie bei Ihrer Machbarkeits-Einschätzung sehr genau hin, ob Ihnen tatsächlich körperliche Grenzen gesetzt sind oder Sie nur stereotype Vorstellungen unserer Gesellschaft reflektieren. Geschlechterrollen und Altersgrenzen sind eher anerzogen als tatsächlich existent. Nichts spricht dagegen, als Frau in einer typischen Männerdomäne tätig zu sein (oder umgekehrt!) oder sich mit Mitte 50 noch einmal selbstständig zu machen!

Auch die Einzelschritte, die zum Erreichen Ihres Ziels nötig sind, sollten realistisch konzipiert sein. Sie müssen sich beispielsweise im Alltag ausreichend Zeit dafür einräumen können. Ein Roman schreibt sich schließlich nicht von allein und auch das Joggingtraining benötigt regelmäßig seine Zeit. Reservieren Sie diese nicht vorab in Ihrem Terminkalender, gewinnt der Stress des Alltags hundertprozentig gegen die vage Vorstellung *„heute Abend vielleicht noch Laufen zu gehen, wenn Zeit ist"*.

Versuchen Sie daher abzuschätzen, wie die Schritte zu Zielverwirklichung am besten in Ihren Alltag passen. Beim Joggen sollten Sie sich entscheiden, zu welcher Tageszeit Ihre Hemmschwelle am niedrigsten ist. Vielleicht am Morgen? Dann könnten Sie anschließend Ihre gesteigerte Motivation für den Alltag nutzen. Oder sind Sie in der Früh sehr fixiert auf das, was im Job ansteht, und möchten die Bewegungseinheit lieber am Abend zur Entspannung nutzen? Hier sollten Sie Ihren individuellen Biorhythmus und Ihre Vorlieben berücksichtigen, damit Konsequenz sich gut und nicht wie eine Qual anfühlt.

Schließlich sollten Sie das Ziel **terminieren**, sodass Aufschieben von vornherein keine Option ist. Falls Ihr Training für den Stadtlauf eventuell ein ganzes Jahr in Anspruch nehmen soll, definieren Sie mehrere Zwischenziele mit festem Datum und angestrebten Leistungen in Zahlen. Für jemanden, der Dinge gern aufschiebt, ist ein Zeitraum weniger fassbar, je ferner der Zielpunkt in der Zukunft liegt. Kaufen Sie sich einen großen Kalender und tragen Sie Ihr Endziel samt Zwischenzielen in bunten Farben ein. Haben Sie alles dokumentiert, legen Sie das große Ziel ruhig erst einmal in Ihrem Hinterkopf ab und fokussieren Sie Ihre Bestrebungen vollständig auf Ihr erstes Zwischenziel. Dieses sollte maximal 4 Wochen in der Zukunft liegen.

Das Joggen soll hier nur als Modell dienen, um die Technik des smarten Zielens einfach zu verdeutlichen. Wenn Sie verstanden haben, worauf es ankommt, sollten Sie das Werkzeug insbesondere für die großen Visionen Ihres Lebens nutzen. Dabei erstreckt sich der gefasste Plan womöglich über mehrere Jahre. Wichtig ist dabei lediglich, ihn stets im Blick zu behalten, um das Ziel auch in Krisenzeiten immer wieder als ein Licht am Ende des Tunnels zur Orientierung zu nutzen.

Säule 6: Vom achtsamen Rosinenessen – Wie Sie die Realität akzeptieren

Akzeptanz – in dieser Fähigkeit sehen die meisten Psychologen eine weitere Säule der Resilienzfähigkeit. Doch wie verträgt sich diese Eigenschaft mit den anderen? Steht sie nicht im Widerspruch zur Selbstwirksamkeit? Denn, wenn wir negative Umstände akzeptieren, hören wir vielleicht auf, sie verändern zu wollen. Aber „Akzeptanz“ meint hier nicht „Resignation“. Sie bezeichnet eher eine bewusste Haltung zur täglichen Realität.

Denken Sie einmal darüber nach, wie Sie Ihr Leben im Alltag wahrnehmen. Wann spüren Sie das Geschehen eines Moments mit allen Sinnen und akzeptieren, dass es Platz in Ihrem Leben einnimmt? Wann empfinden Sie sogar Glück über das, was just in dieser Sekunde passiert?

Häufiger sind wahrscheinlich Situationen, in der Sie von einer Alltagsaufgabe zur nächsten eilen und währenddessen schon den dritten und vierten Tagespunkt im Sinn haben. Wenn „die Realität akzeptieren“ bedeutet, sie mit voller Aufmerksamkeit zu leben, dann vernachlässigen das in Westeuropa die meisten Menschen während des Großteils ihrer Zeit.

Wir leben gedanklich in der Zukunft und verlieren uns dann und wann in der Vergangenheit. *„Leben ist das, was passiert, während du andere Pläne machst“* - dieses Zitat von John Lennon trifft genau, wie sich viele Menschen in ihrem Leben fühlen. Schon früh haben wir eine Vision im Kopf, die anschaulich beschreibt, wie unser Dasein einmal aussehen soll. Welche Art von Familie wir anstreben, welchen Beruf wir ausüben wollen und wie unsere ideale Wohnumgebung aussieht. Um diese Träume wahr werden zu lassen, sind die meisten Menschen bereit, zeitweilige Unannehmlichkeiten auszuhalten: Studium und Nebenjob gleichzeitig auf die Reihe zu bekommen, sich in eine kleine Wohnung zu quetschen, bis die nächste Beförderung winkt, oder gehetzt zu versuchen, Kinder und Beruf unter einen Hut zu bringen.

Von der Generation der Babyboomer hörte man in ihrer kompromissbehafteten Lebensphase relativ häufig die Aussage: „*Wenn ich erstmal in Rente bin, dann kann ich das Leben genießen*". Ein ganzes Leben zielt ab auf zehn Jahre im Spätherbst des Daseins? Das gilt heutzutage wohl eher als extremes Modell. Doch auch jüngere Menschen glauben häufig, sie müssten erst ein bestimmtes Monatsgehalt erreichen oder in ein bestimmtes Umfeld ziehen, bis sie das Leben richtig genießen können. Kein Wunder, dass ein Buch wie „Die 4-Stunden-Woche" des amerikanischen Autors Timothy Ferris vor rund einer Dekade in das Lebensgefühl der jungen Leute einschlug wie eine Bombe. Hier schildert der junge Mann ein Lebensmodell, das von Weltreisen, vielfältigen Kontakten und reizvollen Erlebnissen geprägt ist. Er kann es sich leisten, weil er mit einer klugen Marketingstrategie den Verkauf von Nahrungsergänzungsmitteln im Internet weitgehend automatisiert hat und innerhalb von vier wöchentlichen Arbeitsstunden genug Geld verdient, um während der Restzeit einen exaltierten Lebensstil pflegen zu können.

Dieses Konzept des „digitalen Nomaden" wirkt deshalb so verführerisch, weil es auf den wunden Seelenpunkt einer ganzen Generation abzielt. Die Millenials, alle zwischen 1980 und 1999 geborenen Kinder, haben bei ihren Eltern häufig genug erlebt, dass die Rechnung ihres Lebens am Ende nicht aufging. Da schufteten Menschen nicht selten 45 Jahre lang für die Rente und ihr kleines Eigenheim und wurden am Ende zu krank, um die freie Zeit noch genießen zu können. Millenials wollen deshalb im JETZT leben – geraten dabei aber häufig in eine hedonistische Tretmühle. Wie kann ich gleichzeitig Erfolg in einer hochqualifizierten Arbeitswelt haben, um mir Familie, urbanes Wohnen und exotische Reisen leisten zu können und dabei alles noch entspannt genießen?

Wer einige Jahre lang versucht, diesem Anspruch gerecht zu werden, erleidet nicht selten ein emotionales Burnout. Vor allem deshalb, weil Erlebnisse zwar passieren und Lebensentscheidungen getroffen werden, aber man sie aufgrund der Stressbelastung nicht vollständig spüren kann. Wer sich immer mit dem nächsten Schritt beschäftigt, die Latte der prestigeträchtigen Erlebnisse immer höher legt und besorgt ist, auf welche noch nicht dagewesene Weise er denn sein Leben jetzt noch in vollen Zügen genießen könnte, der erlebt zuweilen alles wie hinter einer Glaswand. Im Extremfall fällt Ihr Blick auf Fotos vom letzten Urlaub oder die Aufnahmen kurz nach der Geburt eines Kindes, wobei Sie sich selbst zwar erkennen aber nicht mehr wissen, wie die Situation sich eigentlich angefühlt hat.

Wo war ich da eigentlich (mit meinen Gedanken)? Wenn Sie sich dies häufig fragen, bedeutet es nur, dass Sie wahrscheinlich gleichzeitig Probleme gewälzt haben oder Aufgaben im Kopf hatten, die sich mit der nahen Zukunft auseinandersetzten. Und darüber den Moment, der immerhin per Foto für die Nachwelt dokumentiert wurde, gar nicht spüren konnten. Das Leben zu genießen, bedeutet eben nicht, im Stress Materielles und Äußerlichkeiten anzuhäufen. Wenn Sie nicht die geistige Haltung besitzen, die Ihnen ein uneingeschränktes Dasein in der Gegenwart ermöglicht, sind Erfolge, Häuser, Urlaube und Beziehungen nur Requisiten in einem Leben, das wie ein Film im Zeitraffer vor Ihnen abläuft. Ironischerweise lernen viele Menschen den Wert der Gegenwart erst dann schätzen, wenn sie unwiederbringlich vorüber ist. *„Ich hatte doch eigentlich alles zum Glücklichsein direkt vor meiner Nase. Warum war ich es nur nicht?“*, solche Fragen stellen sich Menschen dann, wenn ihnen durch schicksalhafte Umstände liebgewonnene Menschen oder Lebensumstände genommen wurden.

Das Glück im Moment liegt nicht so sehr in einer erstrebenswerten Maximal-Erfahrung wie exotische Reiseziele, berufliche Auszeichnungen oder in einem Lottogewinn. Glück im Jetzt ist allein die

Fähigkeit, überhaupt eine sinnliche und mentale Verbindung zur Gegenwart aufzubauen. Was Sie wirklich spüren können, bedeutet eine größere Zufriedenheit und ein erfüllteres Leben, selbst wenn das Gespürte manchmal gar nicht vordergründig angenehm ist.

Wie funktioniert ein „Leben im Moment"?

Um spürbar mit dem Geschehen im Jetzt in Verbindung zu treten, beschäftigen sich Psychologen bereits seit Dekaden mit den Elementen der fernöstlichen Meditationspraxis. Achtsamkeit, lautet hier das Stichwort, im englischsprachigen Raum spricht man von „Mindfulness". Diese Art der Meditation besteht nämlich – ganz anders, als viele Menschen vermuten würden, - nicht im Versinken in ferne Sphären des Geistes, sondern in der vollen Konzentration auf den gegenwärtigen Moment. Und zwar, ohne diesen in irgendeiner Weise zu bewerten. Wer sich dieser Dimension öffnen kann, der kann die kreisenden Gedanken an Vergangenes und an Zukünftiges loslassen. Meditierende befreien sich aus vorgefassten Denkmustern und empfinden die Realität als reicher.

Physisch reduziert Meditation maßgeblich die Empfindung von Stress und von emotionaler Unruhe. Auch aus Untersuchungen, bei denen Forscher die Gehirnwellen von Meditationsprofis und Anfängern beobachteten, weiß man, dass ein Gehirn im meditativen Zustand ähnliche Entspannung erlangt wie im Tiefschlaf. Die Gehirnwellen, die im üblichen Tagesgeschehen etwa auf der Frequenz von 15 bis 38 Hertz schwingen, beruhigen sich während der Achtsamkeitsübungen auf 8 bis 14 Hertz. Es liegt nahe, dass sich Psychologen und Coaches bei ihren Methoden von fernöstlicher Meditations- und Achtsamkeitslehre haben inspirieren lassen, um den Normalbürgern der westlichen Industriestaaten mehr Entspannung zu verschaffen. Bekannt ist darunter zum Beispiel das sogenannte *Mindfulness-Based Stress Reduction programm* (MBSR), das der amerikanische Molekularbiologe Jon Kabat-Zin in den 1980er Jahren entwickelte. Es erklärt in Schritt-für-Schritt-Anleitungen, wie jeder Interessierte eine Meditationspraxis zur Stressreduktion in seinen Alltag einbauen kann. Auch die dialektisch-behaviorale Therapie (DBT) der amerikanischen Psychologin Marsha Linehan arbeitet mit Elementen der Achtsamkeit. In mehreren klinischen Studien konnten Mediziner belegen, dass DBT insbesondere Menschen mit post-traumatischer Belastungsstörung wirksam helfen kann.[33]

Emotionale Überreaktionen und Flashbacks im Rahmen einer Posttraumatischen Belastungsstörung haben ihre Wurzel in der starken Aktivität der Amygdala. Sie treibt uns in Sekunden in einen Flucht- oder Kampfreflex und scannt unseren Alltag permanent auf Situationen, die einer bereits erlebten Gefahrensituation auch nur im Entferntesten ähneln. In Filmen wird dieser Mechanismus oft überspitzt dargestellt, z.B. anhand des Ex-Soldaten, der nach dem Afghanistan-Einsatz das Geräusch platzender Luftballons mit Schüssen verwechselt und gedanklich in Sekundenbruchteilen wieder ins Kampfgeschehen versetzt wird. Doch es braucht gar nicht derart tiefe Traumata, um negative Erlebnisse in unserer Amygdala so zu verankern, dass sie latent mitschwingen. Auch wiederholte Auseinandersetzungen mit einem Vorgesetzten oder Beziehungsstreitigkeiten können sich so nachhaltig in unser Gehirn einprägen, dass wie bereits unter Stress kommen, wenn wir die betreffende Person nur sehen. Achtsamkeit und Meditation hingegen üben einen hemmenden Effekt auf unsere Amygdala aus. Sie ermöglichen unseren höheren Gehirnteilen, allen voran dem präfrontalen Kortex, Situationen mit Abstand zu betrachten und nicht im Gefühlsüberschwang den Kopf zu verlieren.

33 Bohus M, Dyer AS, Priebe K, Krüger A, Kleindienst N, Schmahl C, Niedtfeld I, Steil R. Dialectical behaviour therapy for post-traumatic stress disorder after childhood sexual abuse in patients with and without borderline personality disorder: a randomised controlled trial. Psychother Psychosom. 2013;82(4):221-33. doi: 10.1159/000348451. Epub 2013 May 22. PubMed PMID: 23712109

Was ist Achtsamkeit überhaupt?

Menschen, die sich noch nie mit Meditation beschäftigt haben, assoziieren mit diesem Begriff buddhistische Mönche, die „*Om*“ singen und in ihrer Entrücktheit fast den Anschein erwecken, in ihrem Lotussitz gleich vom Boden abzuheben. Irgendwie abgefahren und exotisch. Doch wenn wir wissen, was sie ausmacht, haben wir alle bereits Momente der höchsten Achtsamkeit erlebt.

Das sind Augenblicke, in denen wir nur auf das Geschehen der betreffenden Sekunde konzentriert sind – physisch und mental. Diese Haltung erleben wir in unterschiedlichsten Lebenssituationen. Zum Beispiel beim Klavierspielen, beim Bauen eines Modells aus winzigen Teilen, beim Anlegen eines Gartens oder beim Betrachten eines schlafenden Kindes. Manchmal versinken wir geradezu in unser gegenwärtiges Tun, kümmern uns dabei nicht mehr darum, wer wir eigentlich sind und was wir in unserem Leben geplant hatten, sondern konzentrieren uns allein auf das, was die gegenwärtige Situation erfordert. Nach Momenten des Eins-Sein mit dem Jetzt fühlen wir uns häufig überraschend erholt. Selbst wenn sich die Aufgabe, die uns ganz in die Gegenwart gezwungen hat, durchaus anspruchsvoll zeigte. Bildhauer, die mit archaischen Werkzeugen filigrane Figuren aus grobem Stein schlagen, oder Freeclimber, die beinahe ohne Equipment steile Wände erklimmen, berichten häufig von der kompromisslosen Existenz im Moment. Diese Erfahrung erfüllt sie mit einem intensiveren Gefühl von Leben, als es jemand empfindet, der alle Vorzüge einer Luxuswelt genießen kann, doch dabei mit seinen Gedanken seinem Körper stets einen halben Tag voraus ist. Um das Leben vollumfänglich zu spüren, brauchen Sie keine extremen Reize durch Gefahrensport oder körperliche Anstrengung – jeder ist in der Lage, sich in eine achtsame Haltung zu versetzen und sich in einem einzelnen Moment seiner Existenz völlig gewahr zu werden.

Unser Problem: In der westlichen Kultur existiert keine Praxis, die uns von Kindesbeinen an lehrt, systematisch und auf Knopfdruck eine achtsame Geisteshaltung anzunehmen. Im Folgenden lernen Sie deshalb kleine Übungen und Hilfsmittel kennen, mit denen Sie Ihre Fähigkeit zur Achtsamkeit trainieren können. Versuchen Sie, sie kreativ für sich zu nutzen und unverbindlich auszuprobieren, welches der Elemente Ihnen persönlich nützen könnten.

Übungen und Haltungen für mehr Achtsamkeit

1. Der Atem: Unsere Atmung erfüllt in der Meditation zwei Aufgaben gleichzeitig. Durch die richtige Atemtechnik lässt sich unser Organismus vegetativ beruhigen, so dass der Blutdruck sinkt und der Puls ruhiger wird. Gleichzeitig ist der Atem unser innewohnendes Metronom. Ein biologischer Taktgeber, der zu Lebzeiten niemals pausiert und uns dabei so allgegenwärtig ist, dass wir ihn normalerweise ausblenden. Doch beschäftigen Sie sich jetzt einmal bewusst mit Ihren Atemzügen. Am besten funktioniert dies, wenn Sie sich rücklings auf eine Yogamatte legen oder in einer entspannten Haltung sitzen. Wie atmen Sie eigentlich? Hebt und senkt sich beim Atmen Ihr Brustkorb oder spüren Sie das Ausdehnen Ihrer Lunge eher in Ihrer Bauchdecke? Vereinfacht gesagt existieren nämlich zwei Arten der Atemtechnik. Einerseits die sogenannte Brustatmung, bei der die Rippenmuskulatur hilft, den Brustraum für die Lunge zu vergrößern. Andererseits die Bauchatmung, bei der das Zwerchfell den Platz für die Lunge in den Bauchraum hinab ausdehnt.

Die Bauchatmung ist wesentlich energieeffizienter und führt zu ruhigeren Atemzügen. Kinder nutzen sie instinktiv, genauso wie wir es als Erwachsene im Schlaf tun. Auch professionelle Sprecher und Sänger wissen um die Vorteile der ruhigen Bauchatmung. Doch Stress und enge Kleidung treiben im Alltag viele Menschen dazu, eher flache Atemzüge in die Brust zu bevorzugen. Das hat eine direkte Wirkung auf unser Empfinden. Versuchen sie einmal, 30 Sekunden lang flach und schnell zu atmen, während Sie den Bauch möglichst weit einziehen. Wie fühlen Sie sich dabei? Assoziieren Sie Stress und Angst? Entwickeln Sie das Gefühl, gleich loslaufen zu wollen, um der Situation zu entkommen? Ganz anders sollten dagegen tiefe Atemzüge in den Bauch auf Ihre Stimmung wirken.

Probieren Sie es aus: Nehmen Sie eine entspannte Körperhaltung an und legen Sie ihre Hand knapp oberhalb des Nabels auf Ihren Bauch. Atmen Sie jetzt langsam ein und spüren Sie, wie sich Ihre Bauchdecke ausdehnt und anhebt. Halten Sie die Luft kurz in Ihren Lungen und lassen Sie sie unter Entspannung Ihrer Bauchdecke wieder ausströmen. Wiederholen Sie diese Praxis beim nächsten Atemzug. Hören Sie, wie die Luft durch Ihre Atemwege strömt und spüren Sie die Ausdehnung der Lunge in Ihrem Körper. Fokussieren Sie die Aufmerksamkeit ganz auf Ihre Atmung.
Merken Sie, wie Ihr Körper sich zunehmend entspannt? Oder reißt Sie nach drei Atemzügen ein gehetzter Gedanke aus dem Rhythmus, der mahnt, dass Sie heute noch viel erledigen wollten? Genau diese innere Gehetztheit will die Meditation unter Kontrolle bringen. Sodass Sie nicht als Sklave Ihrer impulsiven Ideen agieren, sondern die Impulse als Akteur steuern.

Wenn Ihnen eine Atem-Meditation spürbar schwerfällt, machen Sie eine Mini-Gewohnheit daraus. Nehmen Sie sich eine bestimmte Anzahl an Minuten vor, die Sie sich zutrauen, ohne bereits vorab in Stress zu verfallen. Stellen Sie Ihren Wecker. Legen Sie sich hin, atmen Sie tief in Ihren Bauch und langsam aus. Konzentrieren Sie sich dabei nur auf Ihren Atem. Ohne Kompromisse. Schließlich ist die Zeit bereits abgesteckt, sodass Sie nicht Gefahr laufen, wichtige Termine zu verpassen. Alles ist in Ordnung. Sie dürfen sich in diesen wenigen Minuten ganz auf Ihre Atmung konzentrieren, ohne dass Sie Ihr übriges Leben verpassen. Und mit etwas Übung er-leben Sie in den Momenten der Achtsamkeit eine Verbundenheit mit der Realität, die Ihnen schon lange gefehlt hat.

2. Was soll ich machen, wenn meine Gedanken verrücktspielen? - Nicht werten und loslassen

Ich würde ja gern meditieren, aber ich bin einfach zu nervös – so lautet ein häufiger Einwand, wenn Menschen mit Achtsamkeitsübungen in Kontakt kommen. Eigentlich heißt „zu nervös" dann, dass sie nicht mit dem unablässigen Strom ihrer Gedanken umgehen können. Während der Meditation tritt in der Außenwelt Stille ein, sodass jeder Meditierende hört, was sich in seinem Innern abspielt. Und das kann ein ohrenbetäubendes Stimmengewirr aus „*ich muss noch* ...", „*ich hätte* ...", „*das ist doch* ..." und „*ich finde das* ..." sein. Jede Äußerung kommt nicht allein, sondern wird begleitet von unterschwelligen bis überbordenden Gefühlen.

Insgesamt kommt unsere Gedankenwelt manchmal einer Naturgewalt gleich, die uns zu Reflexen drängt, weil wir versuchen, negativen Emotionen auszuweichen. Zwar sind die Auswirkungen unserer inneren Impulse bei durchschnittlichen Menschen nicht mehr so sichtbar wie bei Kindern oder emotional instabilen Personen. Und doch treiben sie uns in jedem Moment unseres Lebens an und verursachen Stress. Selbst wenn er nur hinter unserer Stirn stattfindet.

Das Achtsamkeits-Konzept setzt diesem Gedankenstrudel zwei geistige Haltungen gegenüber: *Nicht werten* und *loslassen*. Probieren Sie einmal aus, die Situation, in der Sie sich während der Achtsamkeitsübung befinden, nicht sofort nach Ihren gewohnten Gedanken-Schablonen zu beurteilen. „*Ach, das bringt doch nichts*", ist vielleicht eine, die auftaucht, während Sie sich in der Atemmeditation versuchen. Oder: „*Das geht mir hier alles viel zu langsam*". Statt diesen Urteilen innerlich aus vollem Halse beizupflichten, prompt aufzuspringen und sich in „sinnvollere" Aufgaben zu stürzen, versuchen Sie einen Schritt zurückzutreten und die Situation wertfrei zu betrachten. Wenn Ihnen das nicht gelingt, stellen Sie sich einfach vor, Sie wären eine Fliege, die sich an der Wand des Raumes niederlassen würde, in dem sich das aktuelle Geschehen abspielt. So sehen Sie die Szene von außen. Und finden vielleicht keinen Grund mehr, unmittelbar ein negatives Urteil zu fällen und zu reagieren.

Lassen Sie sich einfach auf das Geschehen ein. Und falls Sie doch wertende Gedanken bei sich selbst registrieren – lassen Sie sie einfach los. Das bedeutet, nicht an ihrem emotionalen Einfluss festzuhalten und sich womöglich zu einer Handlung motivieren zu lassen. Sondern einfach festzustellen: „*In diesem Moment fälle ich ein wertendes Urteil zum Geschehen im Hier und Jetzt*". Und diesen Gedanken dann einfach ziehen zu lassen, um wieder in den Moment zurückzukehren. Und auf Ihren Atem zu hören.

3. Drei Rosinen in einer Stunde? Der Geist des Anfängers

Für Kinder ist beinahe jeder Tag ein großes Abenteuer. Weil die Welt für sie neu ist und sie in ihrem naiven Gedankensystem erst wenige vorgefasste Meinungen etabliert haben. Daher ist es ihnen möglich, sich auf Menschen, Tiere und Umwelten rückhaltlos einzulassen. Ein Kind, das selbstvergessen einem Spiel folgt oder ein Insekt beobachtet, ist ein Paradebeispiel für eine achtsame Haltung. Welcher Wert in der kindlichen Auffassung der Realität steckt, erkannte auch der berühmteste Maler des letzten Jahrhunderts. Pablo Picasso stellte fest „*Ich konnte schon früh zeichnen wie Raffael, aber ich habe ein Leben lang dazu gebraucht, wieder zeichnen zu lernen wie ein Kind.*"

In dieser Äußerung schwingt das Bewusstsein mit, dass wir uns im erwachsenen Leben unbewusst an Konventionen ausrichten – im Handeln wie im Denken. Wir beurteilen Personen, Umgebungen und Fähigkeiten nach Werten, die wir per elterlichem Einfluss, durch unsere Biografie oder Umgebung aufgeschnappt haben. Picasso wurde früh damit konfrontiert, dass seine Zeitgenossen die naturgetreue Ölmalerei als erstrebenswerte Fertigkeit ansahen. Seine frühen Werke entsprachen dem naturalistischen Ideal ohne Einschränkungen. Er malte so, wie man es von einem professionellen Künstler seiner Zeit erwartete. Doch später musste er feststellen, dass die abgesteckten Bahnen, in denen sich die Maler per Konvention bewegten, seine Ausdrucksmöglichkeiten beschränkten und seine Kreativität hemmten. Daraufhin entwickelte Picasso seinen unvergleichlichen Stil, der durchaus manche Betrachter an das Wirken eines Kindes erinnert. Kinder, die sich nicht darum kümmern, wie die geltenden Regeln und Schubladen der Erwachsenenwelt aussehen, können Ihre Neugier, Fantasie und Kreativität in allen Lebensbereichen voll entfalten.

„Der Geist des Anfängers" ist eine Achtsamkeitsübung, die Menschen wieder Zugang zu einem ungefilterten, naiven Erleben gibt. Traditionellerweise praktiziert man sie mit 3 Rosinen, aber Sie können jedes Lebensmittel dafür verwenden, das Ihnen in den Sinn kommt. Der Ansatz ist stets derselbe: Stellen Sie sich vor, das betreffende Nahrungsmittel so wahrzunehmen, als ob Sie es noch nie gesehen hätten. Fantasieren Sie, Sie kämen aus einem fremden Land oder gar von einem fremden Planeten, auf dem es keine Rosinen (bzw. das Lebensmittel Ihrer Wahl) gibt. Wie würden Sie die Rosine dann in Augenschein nehmen? Sie würden nicht unmittelbar das Urteil fällen „*Ganz klar. Eine Rosine!*", sondern sich vielleicht über die schrumpelige Oberflächentextur wundern. Doch versuchen Sie auch hier, kein Urteil einzubringen, das die Rosinenoberfläche als unattraktiv und ekelerregend abtut.

Versuchen Sie, eine offene und neugierige Haltung zu bewahren. Manche Rosinen sind besonders groß, weich und so hell in der Farbe, dass sie an Bernstein erinnern. Entdecken Sie das Angenehme an Ihrem gewählten Objekt. Nehmen Sie zuerst Farbe, Form und Duft wahr, bevor Sie die Rosine zum Mund führen. Haben Sie jetzt große Lust bekommen, den bekannten Geschmack auf der Zunge zu spüren? Treten Sie gedanklich wieder einen Schritt zurück und stellen Sie sich vor, zum ersten Mal in ihrem Leben eine Rosine zu schmecken. Wie eröffnet sich Ihnen jetzt die Geschmacksdimension auf Zunge und Gaumen?

Zugegeben, genau diese Übung dient gern dazu, eine Karikatur der Meditation zu zeichnen. In einem Witz antwortet ein Neuling, der gefragt wird, was er denn im Achtsamkeitsseminar gelernt habe: „*Wie man eine Stunde braucht, um drei Rosinen zu essen*". Doch das unwillkürlich Komische sollte Sie nicht von der wertvollen Erfahrung abbringen.

Mit dem Geist des Anfängers können Sie nicht nur essen. Sie können eine Blüte betrachten, Ihr Haustier beobachten, die Augenfarbe Ihres Lebenspartners bewundern – und alles so tun, als ob es das erste Mal wäre. Probieren Sie sich aus und versuchen Sie, Situationen zu finden, in denen Ihnen die naive Haltung wirklich leichtfällt. Und spüren Sie, was der Anfänger-Geist mit Ihnen macht. Üben bekannte Dinge plötzlich wieder einen Glücks-Reiz auf Sie aus? Haben Sie das Gefühl, Ihr Leben wieder richtig zu spüren? Wundern Sie sich, wie viele beachtenswerte Dinge Sie in einer Umgebung finden könne, die Sie zuweilen schon als langweilig beurteilt haben?

4. Meditation für Technikbegeisterte

Wer sich absolut nicht aus der digitalisierten Welt verabschieden will, um Rosen zu betrachten und Rosinen zu genießen, sollte die technischen Hilfsmittel wenigstens zur Entwicklung von Achtsamkeit nutzen. Zu diesem Zweck existieren spezielle Kopfhörer, die beim Tragen gleichzeitig die Gehirnströme des Trägers messen. Die EEG-Messung erkennt Zustände der Meditation sowie Phasen der Unruhe und zeigt sie dem Nutzer durch unterschiedliche Geräusche an. Ob Sie tiefe Entspannung erreichen oder gestresst sind, erkennen Sie an der passenden Geräuschkulisse von sanftem Waldesrauschen bis hin zu bedrohlichen Stürmen. Die mitgelieferte App dokumentiert Ihre Meditationstiefe und führt Statistiken über absolvierte Einheiten und die erreichte Entspannung. Was manche vielleicht als fragwürdigen Auswuchs der Leistungsgesellschaft betrachten mögen, erleichtert anderen den Zugang zur Meditationspraxis.

Kohärenz - Einen Sinn im Geschehen sehen

Einen Sinn im Leben zu sehen, ist ein essenzieller Faktor für die psychische Gesundheit. Das stellte in den 1980er Jahren erstmals der Medizin-Soziologe Aaron Antonovsky heraus. Er prägte damals den Begriff *Salutogenese*, der, analog zur Krankheitsentstehung oder *Pathogenese*, erklären soll, welche Faktoren es zur Gesundheit eines Menschen braucht.

Antonovsky beschäftigte sich damit, warum Menschen, die denselben Stressoren ausgesetzt sind, infolgedessen in einigen Fällen erkranken und in anderen nicht. Dabei erforschte er die Lebensgeschichten von Frauen der Jahrgänge 1914 bis 1923 - allesamt Überlebende aus Konzentrationslagern. Unter ihnen bewies knapp ein Drittel trotz der einschneidenden Erlebnisse einen guten psychischen Allgemeinzustand.

Laut Antonovsky ist das Kohärenzgefühl einer der zentralen Faktoren, der Menschen bei Überstehen belastender Bedingungen hilft. Unter Kohärenz versteht man das Zusammenspiel dreier Einzelempfindungen:

1. Das Gefühl der Verstehbarkeit - *„Ich kann die Zusammenhänge meines Lebens verstehen"*
2. Das Gefühl der Handhabbarkeit - *„Ich kann mein eigenes Leben gestalten"*
3. Den Glauben an einen tieferen Sinn des Lebens - *„Das alles passiert mir nicht umsonst"*

Leider stellt uns die Realität häufig vor Situationen, in denen wir zunächst meinen, nicht das Geringste bewirken zu können. Wie die Seligman´schen Hunde, die hilflos Stromschlägen ausgesetzt sind, erleiden wir Schicksalsschläge und sind gleichzeitig von den Lebensumständen gefesselt. Obgleich man sich ihr Leiden nicht ansatzweise vorstellen kann, muss es den Insassinnen der Konzentrationslager ähnlich ergangen sein. Anders als die Versuchstiere im Käfig besitzen aber Menschen in Stresssituationen noch ihren Geist, der das Geschehen unmittelbar bewertet. Dieser Umstand kann selbst bei erzwungener Tatenlosigkeit helfen. Wichtig sind dabei die anderen beiden Kohärenz-Aspekte „Verstehbarkeit" und „Sinn".

Natürlich sträuben sich Menschen, die sich akut in einer Krise befinden, erst einmal gegen den Versuch des Verstehens. Zuerst reagieren sie mit Verneinung („*Das darf jetzt nicht passieren!*") oder mit Unverständnis („*Warum passiert das jetzt ausgerechnet mir?*"). Diese Reaktionen sind verständlich und bewegen sich völlig im Bereich des Normalen.

Auf lange Sicht haben allerdings jene Menschen eine deutlich höhere Resilienzfähigkeit, die in der Lage sind, selbst in den schlimmsten Ereignissen ihres Lebens noch einen positiven Aspekt zu entdecken. So wie einige der Überlebenden, die 2004 den Tsunami in Thailand oder 2005 den Hurricane Katrina überstanden haben, im Anschluss an das erschütternde Ereignis bewusster leben wollten. Wer erkennt, dass das Leben praktisch jeden Tag vorbei sein kann und dass Sicherheit manchmal eine liebgewonnene Illusion ist, der setzt seine Prioritäten neu. Verbringt seine Zeit mit Tätigkeiten, in denen er einen Sinn sieht, und mit Menschen, die ihm wirklich wichtig sind.

Selbst lebensbedrohliche Krankheiten, die neben Ängsten auch körperliches und seelisches Leid mit sich bringen, betrachten manche Betroffene im Nachhinein als Segen. „*Der Krebs ist das Beste, was mir passiert ist*", erklärte jüngst die ARD-Reporterin Susanne Klehn in einem Interview. Die attraktive Frau mit den langen blonden Haaren ist heute 37 Jahre alt. Genau 10 Jahre zuvor diagnostizierte ihr Arzt bei der damals 27-Jährigen schwarzen Hautkrebs und prognostizierte eine Überlebenschance von 67 Prozent. Zunächst konnte diese Perspektive die Patienten nicht ermutigen. Sie war fixiert auf den Gedanken, mit 33-prozentiger Wahrscheinlichkeit zu sterben. Eine Botschaft, die ihr besonders hart schien, weil sie sich in einem Alter wähnte, in dem Gesundheit und eine lange Zukunft garantiert schienen. Wie alle Chemotherapiepatienten erlebte auch Susanne Klehn furchtbare Zeiten während ihrer Gesundung: Haarausfall, Depressionen und – besonders schwer für die junge Frau – das Gefühl, hässlich zu sein. Doch trotz der Tortur weiß sie heute: *„Der Krebs hat mir ein neues Leben geschenkt."* Denn wer dem Tode nahe war, macht im späteren Leben weniger Kompromisse. Hört mehr auf seine ureigenen Bedürfnisse und hat weniger das Gefühl, sich für andere verbiegen zu müssen. Wenn sie einen Menschen diese wichtige Lektion lehrt, kann selbst eine schwere Erkrankung im Nachhinein als Glücksfall bezeichnet werden.

Wissenschaftler bezeichnen dieses Phänomen als *post-traumatisches Wachstum*. Bei Krebs- und Schlaganfallpatienten wurde es bereits mehrfach systematisch in Studien erfasst. Dabei fassen die Forscher zusammen: Post-traumatisches Wachstum können sowohl diejenigen erfahren, die sich gedanklich viel mit ihrem Schicksal auseinandersetzen, als auch diejenigen, die es kurz nach dem Vorfall erst einmal verdrängen.[34] Auf lange Sicht steigert jedoch die kognitive Auseinandersetzung mit dem Schicksalsschlag deutlich die Wahrscheinlichkeit, daraus mit gewachsener Persönlichkeit hervorzugehen. Obgleich man die Antwort auf ein *„Warum?"* vielleicht nie erhält, kann man sich selbst durch kognitive Bewältigungsstrategien irgendwann die Frage nach dem *„Wozu?"* beantworten.

34 Kelly G, Morris R, Shetty H. Predictors of post-traumatic growth in stroke survivors. Disabil Rehabil. 2018 Dec;40(24):2916-2924. doi: 10.1080/09638288.2017.1363300. Epub 2017 Aug 10. PubMed PMID: 28797177

Das Kohärenzgefühl trainieren

Beantworten Sie sich selbst die folgenden Fragen:

- Was hilft mir alltäglich, das Leben als verstehbar, handhabbar und sinnhaft zu betrachten?

- Was konkret kann mir in belastenden Situationen dabei helfen?

- Wo ist es mir in früheren Stress-Situationen gelungen? Wie habe ich das damals geschafft?

- Wie würde ein Mensch mit hohem Kohärenzgefühl wohl meine aktuelle Situation sehen? Was davon kann ich für mich übernehmen?

- Welche Ressourcen und welche Menschen in meiner Umgebung fördern mein Kohärenzgefühl – im normalen Alltag und wenn es gerade sehr schwierig ist?

Betrachten Sie einmal Ihre Biographie: Gibt es Ereignisse, die Sie bis heute nicht akzeptieren können? Das Ende einer Beziehung? Den Verlust einer Arbeitsstelle? Den Tod eines Angehörigen? Stellen Sie sich einmal die Frage, welches positive Element in Ihrem heutigen Leben nicht erschienen wäre, wenn Sie diese schmerzvolle Erfahrung nicht hätten machen müssen. Selbst wenn Ihnen das Gewonnene im Vergleich zum Verlust unvergleichlich klein erscheint – machen Sie es sich bewusst.

Um sich nicht in schmerzvollen Erinnerungen zu verlieren, können Sie Verstehen und Sinn auch in winzigen Alltagsbegebenheiten trainieren. Denn ein verpasster Bus, ein versäumter Termin, ein zerbrochener Gegenstand – all das sind Kleinigkeiten, die uns ärgern und die wir nicht mehr rückgängig machen können. Überlegen Sie sich, sobald Ihnen ein ähnliches Missgeschick passiert, welchen Vorteil Sie deshalb hatten. Zum Beispiel beim Warten auf den nächsten Bus Gelegenheit zu haben, die Vitalität einer aus der Asphaltritze wachsenden Blume zu bewundern. Oder ein anregendes Gespräch mit einem der Mitwartenden zu führen. Diese kleinen Glücksmomente wären Ihnen verwehrt gewesen, wenn alles nach Plan gelaufen wäre.

Säule 7: Kreative Lösungen finden

Unter Kreativität versteht man im Rahmen von Resilienzfähigkeit keine Beschäftigungstherapie durch Malen, Töpfern und Schnitzen. Vielmehr ist die Rede von der Fähigkeit, kreative **Lösungen für** die Probleme des Lebens zu Ersinnen. Kreativität heißt dann Flexibilität. Und Flexibilität ermöglicht die Anpassung an schwierige Lebensumstände, was wiederum ein wichtiger Resilienzfaktor ist.

Doch wie lässt sich Kreativität trainieren? Im Allgemeinen glauben wir, manche Menschen seien mit dem Talent zum unkonventionellen Denken zur Welt gekommen, während es anderen genetisch einfach fehlt. Doch dies ist ein Irrtum. Kreativ denken erfordert Übung, weil es die gewohnten Strukturen und die ausgetretenen Pfade verlässt, in denen wir uns gern bewegen, um Energie zu sparen. Die folgenden Inspirationen können Ihnen helfen, gedanklich einen Umweg zum Ziel zu finden, wenn die Hauptstraße gesperrt scheint:

- **Setzen Sie Ihren Gedanken keine verfrühten Grenzen**: Wenn Sie über die Lösung eines Problems nachdenken und dabei steckenbleiben – zwingen sie sich selbst exakt 30 mögliche Lösungs-Strategien aufzuschreiben. Wichtig dabei: Kein Einfall darf wegen Realitätsferne und Albernheit vorab disqualifiziert werden. Stattdessen darf alles aufs Papier. Wenn Sie sich dann in Ruhe mit sämtlichen Strategien beschäftigen, fällt Ihnen vielleicht auf, dass scheinbar ungangbare Wege doch eine reale Option aufzeigen.

- **Denken Sie vom Ende her**: Wenn Ihnen bei der Problemlösung eine Schwierigkeit unüberwindbar erscheint, stecken Sie gedanklich fest. Fahren Sie daher mental nicht immer wieder vor dieselbe Wand, sondern konzentrieren Sie sich auf das Ziel der Unternehmung. Was wollen Sie eigentlich am Schluss erreichen? Was ist die Essenz Ihres Ziels? Wenn Sie sich statt auf das Scheitern einer Einzelstrategie auf den Nutzen des Angestrebten konzentrieren, entdecken Sie spontan Alternativwege zum Ziel.

- **Denken Sie das Gegenteil**: Physikalische und finanzielle „Naturgesetze" bringen viele Anforderungen schnell an ihre Grenzen. Wie wäre es, einfach einmal über das Gegenteil des Beabsichtigten nachzudenken. Statt beispielsweise darüber zu sinnieren, wie Sie die Herstellungskosten für ein Produkt soweit reduzieren k**önnen**, dass Sie auch den billigsten Konkurrenten unterbieten – erwägen Sie doch eine hochpreisige Variante für das Luxussegment. Auch wenn Gegenteile unmittelbar absurd wirken, haben sie ihre Berechtigung. Stephen Guise entwickelte beispielsweise aus dem Gegenteil eines anspruchsvollen Trainingsprogrammes die erfolgreiche One-Push-Up-Challenge.

- **Wechseln Sie die Umgebung zur Problemlösung**: Dasselbe Büro, dasselbe Wohnzimmer, dieselben Gedankenwege. Weil wir eine assoziative Verbindung zwischen unserer inneren und unserer äußeren Welt schaffen, fällt es uns schwer in derselben Umwelt anders zu denken. Versuchen Sie deshalb, ein schwieriges Problem an einem völlig anderen Ort zu bedenken. Im Wald, am Meer, in den Bergen oder in einem stark frequentierten Café einer Metropole. Veränderte Sinnesreize durch Bilder, Geräusche, Gerüche und Gefühle werden auch Ihr Denken schneller in eine andere Richtung bringen.

- **Sprechen Sie mit Menschen**: Aber nicht unbedingt mit jedem direkt über Ihr Problem. Interessieren Sie sich stattdessen dafür, wie Ihr Gegenüber ähnliche oder vergleichbare Schwierigkeiten überwunden hat. Kreativität äußert sich auch in der Fähigkeit zur Transferleistung. Lassen sich Elemente aus den Erfahrungen Ihrer Mitmenschen eventuell auf Ihre Problemlösung übertragen?

- **Nutzen Sie negative Erlebnisse für sich**: Frust und Wut können ein guter Motor für Kreativität sein. Dieser Zusammenhang lässt sich sogar in Versuchen belegen. Forscher der Harvard University untersuchten, wie sich das Feedback in einem simulierten Vorstellungsgespräch auf die Kreativität der Probanden auswirkte. Dabei erhielt eine Gruppe reinweg positives Feedback, während andere Teilnehmer einem Gegenüber Rede und Antwort stehen mussten, dass durch Augenrollen, Gähnen oder barsche Kommentare seine Geringschätzigkeit ausdrückte. Beim anschließenden Anfertigen von künstlerischen Collagen erwiesen sich die Frustrierten als wesentlich kreativer als die freundlich reflektierten Probanden. Diesen Unterschied führen die Wissenschaftler auf einen durch Negativgefühle erniedrigten Spiegel des Steroidhormons DHEA zurück.[35]

Wenn Sie sich also demnächst über Reaktionen Ihres Vorgesetzten, Ihrer Kollegen oder Ihres Lebenspartners ärgern – denken Sie noch einmal über die anstehenden Entscheidungen nach. Eventuell kommen Ihnen Ideen für ganz andere Strategien, die Ihnen bis dato gar nicht präsent waren.

35 Akinola M, Mendes WB. The dark side of creativity: biological vulnerability and negative emotions lead to greater artistic creativity. Pers Soc Psychol Bull. 2008 Dec;34(12):1677-86. doi: 10.1177/0146167208323933. Epub 2008 Oct 1. PubMed PMID: 18832338

Wie erziehe ich mein Kind zu einer resilienten Persönlichkeit?

Fast wichtiger als die Frage, wie wir als Erwachsene unsere Resilienz stärken können, ist für Eltern die Frage danach, wie sie ihre Kinder von vornherein zur seelischen Widerstandsfähigkeit erziehen können. Wer sich mit den Forschungsergebnissen von Emmy Werner beschäftigt, kann hier auch schnell den gröbsten Rahmen abstecken: Kinder brauchen Zuwendung von mindestens einer verlässlichen Bezugsperson. Sie gedeihen besser, wenn sie von Gewalt, Armut und psychischen Auseinandersetzungen ferngehalten werden. Sehen wir jedoch sämtliche Positiv-Faktoren in der deutschen Durchschnittsfamilie als gegeben an, hängt es vom Erziehungsstil ab, wie stark Kinder das Empfinden von Selbstwert und Selbstwirksamkeit entwickeln.

Experten empfehlen hier einen autoritativen Erziehungsstil, der die Eltern als Entscheider und Grenzenzieher nicht infragestellt. Hüten sollten sich Mütter und Väter dagegen vor dem Bestreben, ihren Kindern sämtliche Unbill zu erleichtern und jede Schwierigkeit abzunehmen. Schon in Werners Studie zu den Kindern von Kauai wurde klar, dass Kinder, die früher selbstständig sind als Gleichaltrige, mehr Resilienz beweisen. In der aktuellen westlichen Gesellschaft betrachten immer mehr Eltern ihren Nachwuchs allerdings als Ihre Selbstverwirklichung 2.0. Die Kinder loszulassen widerspricht der Überzeugung, als Eltern unbedingt gebraucht zu werden. Doch Kinder sollten jede Herausforderung erleben dürfen, die ihrem Alter angemessen ist. Wenn sie bereits im Kindergartenalter selbst Kommunikationsstrategien entwickeln können, um den Streit um die Buntstifte beizulegen, sollte man sie dazu ermutigen. Denn selbst einer Herausforderung zu begegnen und sie zu meistern, mehrt in den Kleinen das Gefühl von Selbstwirksamkeit und das Selbstvertrauen.

Damit Kinder ein flexibles Bild Ihrer Persönlichkeit verinnerlichen, sollte sich Lob auch stets auf gewonnene Fertigkeiten beziehen und nicht auf vage Persönlichkeitsanteile. Wenn der Spross im Diktat null Fehler schreibt, sollten Eltern herausheben, wie gut er im Unterricht aufpassen kann oder wie diszipliniert er geübt hat, und nicht bemerken: *„Du bist eben intelligent (wie dein Vater).“* Denn später im Leben sind die Menschen im Vorteil, die glauben, dass Fähigkeiten vom Training abhängen und nicht ererbt sind. Unnötig zu betonen, wie schädlich sich generalistische Urteile im negativen auf Kinder auswirken. Ein *„Du bist zu dumm!“* kann in einer Persönlichkeit viele Dekaden lang nachklingen und negative Glaubenssätze befeuern. Bei Niederlagen sollten Eltern ihre Kinder stattdessen ermutigen und aufzeigen, wie es das nächste Mal vielleicht besser funktionieren kann.

Darüber hinaus hilft es der Entwicklung von Kreativität, wenn Eltern ihre Kinder sporadisch in den Tag hineinleben lassen, ohne jede Minute ihrer Freizeit für Musikunterricht und Sport zu verplanen. Denn auch bei Kindern gilt: Langeweile und Pausen bringen kreative Gedanken hervor.

Schließlich färbt der emotionale Stil der Erziehungsberechtigten auch auf Söhne und Töchter ab. Die Kleinen lernen nur, ihre Gefühle zu regulieren, wenn Sie es Ihnen als Eltern vormachen. Daher: Bleiben Sie ruhig, wenn Ihre Kinder sich die Knie aufschlagen oder mit einer Hiobsbotschaft aus der Schule heimkehren. Panische Rückfragen oder Wutausbrüche seitens der Eltern peitschen die emotionale Lage weiter auf und verleiten Kinder zu Trotzreaktionen oder Heulkrämpfen. Machen Sie stattdessen vor, wie man in schwierigen Situationen einen kühlen Kopf behalten kann und widmen sie sich dem Problem, falls es real existiert. Kinder, die eine solche Gelassenheit bei ihren Eltern erleben, können sie bald in ihr eigenes Verhaltensrepertoire übernehmen.

Nachwort: Ihre Resilienz soll Ihnen dienen

Resilienz – dieser Begriff ist innerhalb der vergangenen Dekaden zum psychologischen Modebegriff avanciert. Im seinem Dunstkreis tauchen neben Ratgebern auch etliche Therapieprogramme und Coaches auf. Viele der Methoden richten sich an Unternehmen, die die Resilienz ihrer Mitarbeiter stärken wollen. So sehr man befürworten will, dass Arbeitgeber die psychische Gesundheit ihrer Angestellten fördern wollen, so sehr mahnt der aktuelle Trend auch zur Vorsicht. Denn wem soll Resilienz in der Arbeitswelt tatsächlich dienen? Dem Einzelnen oder dem Gewinnbestreben des Unternehmens, das seine Mitarbeiter als optimierbare menschliche Ressource sieht?

Liegt Resilienz auch deshalb so stark im Trend, weil der Begriff unsere Fantasie verkörpert, dass wir jeglichem Schicksalsschlag unbeschadet entkommen könnten? Menschen sind fasziniert von der Vorstellung, mit den richtigen Strategien alle Übel dieser Welt zu überwinden. So floriert der Markt für Superfood und Nahrungsergänzungsmittel, weil die Idee, mit der richtigen Ernährung Krankheitsschicksale wie Krebs oder Demenz auf alle Zeiten abwenden zu können, für uns einfach verführerisch ist. Genauso wollen Menschen glauben, dass ein ausgeklügeltes Sportprogramm ihren Körper in eine reibungslos funktionierende Maschine verwandeln könnte, die mit ihrer Fitness, Vitalität und Energie jeder Unpässlichkeit und jeder Verschleißerscheinung trotzt.

Der Glaube an den optimierten Supermenschen scheint sich aktuell auch auf den psychologischen Bereich auszudehnen. Hier kann Resilienz durchaus falsch verstanden werden. Und zwar als Fähigkeit, die sich wie ein Bizeps trainieren lässt um dann, in Bestform, die Belastungen der modernen Welt von der Seele abprallen lassen, als hätte diese eine Anti-Haft-Beschichtung. Diese Auffassung interessiert Arbeitgeber naturgemäß: Leiden sie doch darunter, dass

Menschen immer häufiger aufgrund seelischer Zusammenbrüche krankgeschrieben werden und als Ressource ausfallen.
Die Elemente der Resilienzfähigkeit schützen jedoch weder vor den Schicksalsschlägen des Lebens, noch verleihen sie der Seele Superheldenfähigkeiten zur Abwehr von Wut, Trauer und Resignation. Auch resiliente Menschen erleben diese Gefühle, können jedoch nach einer individuell unterschiedlichen Zeitspanne neue Perspektiven entdecken und zu ihrer konstruktiven Lebenskraft zurückfinden. Die in den vorhergehenden Kapiteln beschriebenen Elemente der Resilienz sollen es Ihnen ganz persönlich erleichtern, mit Schwierigkeiten umzugehen.

Im Idealfall taucht nach dunklen Momenten, in denen Sie am Leben zweifeln, bald wieder ein Lichtfunke am Ende des Tunnels auf, der Ihnen den Weg weist. *„Ich kann damit umgehen“* und *„Ich kann das bewältigen“* sind Sätze, die aus Resilienzfähigkeit erwachsen. Ihr Wohlbefinden soll ab einem gewissen Punkt von der Fähigkeit zur Resilienz profitieren und Ihr Lebensweg soll – obgleich er nach schicksalhaften Ereignissen zuweilen eine andere Richtung nehmen wird – stets einer positiven Perspektive entgegensteuern. Wir alle stolpern und fallen hin, was unsere psychische Gesundheit anbelangt. Resilienz bedeutet hier nicht, den Sturz zu vermeiden, und auch nicht, schneller wieder aufzustehen. Resilienz heißt vielmehr, die Sicherheit zu erlangen, dass Sie – selbst wenn Sie einmal länger am Boden liegen, als Sie wollen – in jedem Fall die Kraft finden werden, sich irgendwann wieder aufzurappeln und neue Wege zu finden.

Deutschsprachige Erstausgabe im Juli 2019

Birgit Eberle wird vertreten durch:
Anna Wulschner
Wilhelmstal 5
24768 Rendsburg

Covergestaltung & Satz: Wolkenart Marie-Katharina Wölk,
www.wolkenart.com
Independently published
ISBN: 9781080717545